古代歷史文化 研究輯刊

十三編

王 明 蓀 主編

第27冊

世紀海洋之澳門藍色文明（下）

田 若 虹 著

國家圖書館出版品預行編目資料

世紀海洋之澳門藍色文明(下)／田若虹 著 — 初版 — 新北市：
花木蘭文化出版社，2015〔民 104〕
目 2+156 面；19×26 公分
（古代歷史文化研究輯刊 十三編：第 27 冊）
ISBN 978-986-404-037-7（精裝）
1. 區域研究 2. 澳門特別行政區
618   103026967

ISBN-978-986-404-037-7

古代歷史文化研究輯刊
十三編　第二七冊　　　　　　ISBN：978-986-404-037-7

世紀海洋之澳門藍色文明（下）

作　　　者　田若虹
主　　　編　王明蓀
總 編 輯　杜潔祥
副總編輯　楊嘉樂
編　　　輯　許郁翎
出　　　版　花木蘭文化出版社
社　　　長　高小娟
聯絡地址　235 新北市中和區中安街七二號十三樓
　　　　　　電話：02-2923-1455／傳真：02-2923-1452
網　　　址　http://www.huamulan.tw 信箱 hml 810518@gmail.com
印　　　刷　普羅文化出版廣告事業
初　　　版　2015 年 3 月
定　　　價　十三編 27 冊（精裝）台幣 52,000 元

世紀海洋之澳門藍色文明（下）

田若虹　著

目次

第七章　脈動澳門之人

一、澳門政界文化名流

7.1　民主革命先驅孫中山與澳門

孫中山（1866～1925），中國近代史上資產階級民主革命的先驅。澳門是孫中山走向世界，步入革命生涯的重要基地。孫中山與澳門有著割不斷的因緣。他出生於廣東省香山縣翠亨村，距澳門僅三十五公里，他的父親孫達成年輕時曾在澳門學裁縫、當鞋匠。1875 年 5 月，年僅十二歲的孫中山第一次隨母親出國，即由翠亨村循水路到澳門，轉搭英輪赴檀香山與長兄孫眉團聚。澳門是他到達的第一個城市，也是他第一次接觸西方文化的所在地。

在澳門，孫中山眼界大開，他在給英國漢學家翟理斯的覆信中描述澳門印象時道：「始見輪舟之奇，滄海之闊，自是有慕西學之心，窮天下之想」。十七歲時，孫中山因搗毀村廟裏的神像，遭保守勢力責難而被迫離鄉，再次途徑澳門去香港讀書。1887 年，孫中山轉學到香港西醫書院，居港期間，澳門成為他往來香港與香山翠亭之通道。

年輕的孫中山在澳門、香港接觸到西方文明，思想上漸漸發生了變化。他渴望中國能從積貧積弱中振衰起弊，提出「勿敬朝廷」的口號，他與陳少白、尤烈和楊鶴齡等三人志同道合，非談革命無以為歡。

孫中山在澳門期間深受鄭觀應之思想影響，兩人成為了忘年之交。1891年前後，孫中山所寫的《農功》、《商戰》之文深受鄭觀應賞識，並以孫翠溪之名收進其《盛世危言》著中。

1890 年，孫中山在澳門給香山縣退職官員鄭藻如寫了一封信函。信中，他呼籲效法西方，進行社會變革，他主張興辦農桑，禁絕鴉片，普及教育。孫中山的民主革命思想開始在澳門孕育生長，這是目前所能見到的孫中山的第一篇革命文字。兩年後他的《致鄭藻如書》，在澳門報刊發表。該文爲「孫中山全集」開卷的首篇文章。

1892 年 7 月 23 日，孫中山以「最優異」的成績在香港西醫學院畢業。〔註1〕孫中山在香港學醫時，曾應澳門紳士曹子基、何穗田之邀，治癒他們久病的家人，故與澳門紳商稔熟。其醫術在澳門已有一定聲望。〔註2〕畢業後，應澳門鏡湖醫院的邀請，到該院擔任義務醫席，成了澳門的第一位華人西醫。他把西醫技術引進中國，在其《倫敦蒙難記》中曾有如下記述：「自中國有醫局以來，其主事之官紳對西醫從未正式提倡，有之，則自澳門始。」同年 12 月，孫中山在澳門草堆街八十四號開設了一家中西藥局，懸壺行醫。與此同時，孫中山積極進行革命宣傳活動，其「借醫術爲入世之媒，行革命爲救國之實」，他開始思考如何拯救日漸貧弱的國家。孫中山與葡人飛南第合辦了《鏡湖業報》，鼓吹革命。該刊在廣州、上海、武漢、福建以及香港、新加坡、美國、葡萄牙等地影響很大。孫中山在澳門進行革命活動期間，陸皓東、楊鶴齡、楊心如等都不時入澳，與孫中山暢談時政，策劃革命，澳門一時成了革命志士最早的活動據點。孫中山在澳門結交同志、行醫、辦報等，爲其後革命活動的展開進行了鋪墊。

孫中山醫術精明，待人親切，對貧窮病人免收診金，贈送藥品，營業日盛。澳門一些葡籍醫生大爲忌妒，藉口孫中山沒有葡萄牙文憑，禁止他爲葡人治病，並不許各藥房爲其處方配藥，極力刁難排擠。孫中山不堪忍受，便於 1893 年春離開澳門，改赴廣州行醫，中西藥局易名爲東西藥局。

1893 年，孫中山離開澳門來到廣州，邊行醫邊從事革命組織的籌備工作。1894 年冬，孫中山在檀香山建立興中會，不久即回到祖國，策劃武裝反清起義。廣州起義失敗後，孫中山在澳門葡國友人飛南第的幫助下，從澳門途經香港到達日本，開始了其長期流亡海外的革命生涯。

1895 年 10 月，孫中山在廣州領導武裝起義失敗後，潛返澳門。居澳期間，孫中山同樣遭到了清政府通緝。在葡籍好友費爾南德斯的幫助下，他自澳門

〔註1〕陳錫祺主編：《孫中山年譜長編》，上冊，第一卷，第 58～59 頁。
〔註2〕孫逸仙博士醫學院籌備委員會編：《總理開始學醫於革命運動五十週年紀念史略》，廣州嶺南大學出版社，第 17～18 頁。

經香港逃往日本，從此踏上職業革命家的道路。

1905 年，孫中山領導的同盟會在日本東京成立。澳門成為同盟會的重要活動基地之一。同盟會以三民主義為政綱，孫中山親筆手書了「驅除韃虜，恢復中華，創立民國，平均地權」的同盟會綱領。同盟會在澳門成立了支部，不少同盟會成員在澳門積極從事革命活動。同年 8 月，孫中山派馮自由、李自重在香港、廣州、澳門等地聯絡同志，發展組織。馮自由於 1906 年擔任了同盟會香港分會會長後，派劉樾航、阮亦周、劉思復等前往澳門發展同志，並於 1909 年冬成立了同盟會澳門分會。

1912 年 5 月，孫中山卸任臨時大總統，離開南京經香港來到澳門，住在盧九花園春草堂，他在澳門逗留的三天中，受到中、葡各界人士的熱烈歡迎。1913 年 3 月宋教仁遇刺後，以孫中山為首的國民黨人決定起兵討伐袁世凱。為了防止袁世凱及其爪牙迫害自己的家屬，孫中山便令髮妻盧慕貞等人入居澳門。同年 6 月中下旬，孫中山再次抵達澳門，約國民黨的廣東都督陳炯明在軍艦上會面，促使陳炯明同意「四省獨立，廣東同時宣佈」的計劃。同時，中山先生還在澳門建立了同盟會的支部，租賃南灣四十一號作為秘密機關。為了加速革命的行進，加強與群眾的聯繫，吸收更多的仁人志士參加同盟會活動，又在澳門的百馬行釣魚臺：即現今的國華戲院對面的一座三層樓上，開設了「蠔鏡閱書報社」，成為革命的策源地之一。〔註3〕

1914 年，廣東都督龍濟光的偵探長陸竹朋、盧老三探知老同盟會員黃明堂在澳門的地址，遂帶領葡萄牙員警將他逮捕，並企圖引渡回粵殺害。孫中山獲悉後，多方設法營救，使他最終獲釋。

1919 年，孫中山派其長子孫科為特派員，在澳門設辦事處，從事護法運動，號召廣東地區之海陸兩軍起義回應。1920 年，孫中山派人到澳門籌組空軍，受到澳門華人熱烈回應，在短期內捐募鉅款，購買兩架水上飛機，以澳門為基地，轟炸盤踞在廣州觀音山（今越秀山）的桂系軍閥。澳門居民為表達對孫中山的崇敬和懷念，在澳門設立了三座孫中山全身銅像，和一座「國父紀念館」。「國父紀念館」即坐落在澳門文第七街上，是一幢三層高五開間的西式建築。這座建築由孫眉於 1918 年斥資興建，作為孫中山原配盧慕貞的寓所。1930 年 8 月 13 日澳門兵頭花園後方軍火貯存庫爆炸時，曾經波及，後得以重建。重建後的孫府內豎立著孫中山先生全身銅像，這是孫中山生前

〔註 3〕參見劉福榮：《五光十色的澳門》，四川科學技術出版社，1990 年版，第 35 頁。

日籍好友柏屋莊吉所鑄贈。1958 年 4 月，紀念館始開放供人們參觀、瞻仰。

　　1986 年孫中山誕辰 120 週年之際，澳門市政府將一所最大公園取名爲「孫中山紀念公園」，澳門的一條大街取名爲「逸仙馬路」，一所學校名爲「孫中山紀念學校」。由他的日本友人梅屋鑄作的孫中山銅像，屹立在澳門「國父紀念館」左側的小花園，供人緬懷。澳門電信局亦應民眾要求，特發行一套紀念孫中山的郵票。澳門歷史最悠久的「東興火柴廠」，還將孫中山肖像印在火柴盒上，表達人們對孫中山先生深深的敬仰。〔註4〕

7.2 民族英雄林則徐與澳門

　　林則徐（1785～1850），福建省侯官（福州）人。清朝後期政治家、思想家和詩人，林則徐是中國近代「睜眼看世界的第一人」，偉大的愛國主義者。是中華民族抵禦外辱過程中偉大的民族英雄，史學界稱之爲近代中國的第一人臣。

　　林則徐曾幾次三番奏請道光皇帝重治鴉片吸食者，提出禁煙措施。在 1938 年 9 月的一份奏摺中說：如果任憑鴉片氾濫，那麼幾十年之後，中原再也沒有能夠抵禦外敵的士兵，朝廷也拿不出可以充作軍餉的白銀。這份奏摺終於震動了道光皇帝，他連續八次召見林則徐，並在 1838 年底任命林則徐爲欽差大臣，前往廣東查禁鴉片。

　　林則徐於 1839 年致函澳門海防軍民同知，著其轉知澳門葡萄牙當局：「前已訪得該西洋澳夷人，多有私將鴉片存儲夷樓，販賣漁利，歷次拿獲煙匪，供指買至澳夷，確有案據。迭經本大臣、本部堂諭飭該同知，轉諭該夷目唎嚟哆遵照。毋許奸夷囤儲售賣，並令將所存煙土呈繳。」〔註5〕

　　鴉片戰前之澳門，不僅是以英國爲首的西方列強對華走私鴉片的據點，外國鴉片販子藏身抵抗禁煙的基地，也是各國商人來華貿易的立足點。虎門銷煙之後，以英國爲首的鴉片販子，繼續利用澳門抵抗禁煙。爲了對強橫的英國侵略者稍示懲儆，林則徐等命令封鎖澳門，禁絕柴米食物運入，撤退買辦、工人，進而驅逐義律和英人出澳。林則徐在通告中嚴正指出：「澳門雖濱海一隅，亦是天朝疆土，豈能任作奸犯科之人永爲駐足乎？」

〔註 4〕參見弋勝：《大地》1999 年第 88 期。

〔註 5〕林則徐：《信及錄》，第 51 頁。

　　1839 年 3 月 18 日林則徐在諭令英國領事義律繳煙之時，就飭令澳門同知
密查中外煙販行蹤，並轉諭西洋夷目委黎多遵守中國禁煙法令，自行查治。
當澳門同知提獲煙犯紀亞九，查出澳門山水園晏多尼夷樓公然售賣鴉片後，4
月 25 日，林則徐當即諭令委黎多呈繳夷樓所貯煙土，並表示：「本大臣、本
部臣（西廣總督鄧廷楨）一俟虎門收繳完竣，即當日赴澳門，一體查辦。」8
月 21 日林則徐在致廣東巡撫怡良的信中說：「澳門情況日來頗稱嚴肅」。「日
來急欲赴澳門一行」。

　　林則徐批示澳門知呈文，囑轉告葡澳當局：「本大臣奉命前來，專為查辦
公事，凡所駐紮之處，於地方州縣，尚不許供應絲毫，況肯令夷人預備乎？
該夷等總以恪遵訓諭，謹守法度，即為良夷，毋得妄擬趨承，習為華靡。該
署丞等務即傳諭，嚴切禁止。」表現了他勤於國事，剛正廉明的一貫作風。

　　禁煙鬥爭中，林則徐親自巡閱澳門，給予鴉片販子以打擊與震懾，他恩
威並施，正告葡澳當局安份守法。林則徐的澳門巡行受到澳門中國民眾的熱
烈歡迎，亦受到葡澳當局的禮遇。

　　1839 年 9 月 3 日，林則徐以清朝欽差大臣、兩江總督的身份，會同兩廣
總督鄧廷楨率官兵 200 多人出關，進入並巡視了澳門。這一天剛好是林則徐
55 歲生日。他此行的目的是：爭取澳門葡萄牙當局宣佈中立；清查華夷戶口，
搜查囤貯鴉片，以清敵藪；察看民情，撫慰華夷居民。林則徐偕鄧廷楨率眾
從前山乘轎南行十里，到蓮花莖，經關閘入澳門。

　　關閘前，葡澳官兵百名列隊歡迎，兵總四人，戎服佩刀，夷兵肩鳥槍，
排列道左，隊內簫樂齊作，導引入澳。林則徐途徑之處，與實地考察三巴、
娘媽閣、南灣各炮臺的時候，均受到鳴禮炮十九響的隆重歡迎。這是自 1818
年兩廣總督阮元到澳門巡視以後，中國政府大員的又一次巡視，時隔了二十
一年，這一天也成為澳門歷史上一個重要的日子。

　　關於林則徐巡視澳門之事，史籍載日，為了掌握「夷情」，以利於「製取
準備之方」，林則徐曾派人潛入澳門搜集外國人出版的外文報紙，聘用翻譯人
員，將有關鴉片貿易、西方各國對中國禁煙的態度以及其他方面的消息和評
論譯成中文，抄送給廣東督撫衙門作為禁煙和備戰的參考。這種隨譯隨送的
手抄譯報，當時被人們稱為「澳門新聞紙」。

　　「澳門新聞紙」的消息，主要來源於在澳門出版的三家英文報紙，即《廣
東紀錄報》、《廣州周報》和《中國叢報》。除這三家報紙外，還有個別文章譯

自倫敦、新加坡、孟買等地的英文報紙。林則徐主持翻譯的「澳門新聞紙」，為廣東督撫衙門提供了許多很有價值的信息，對當時的禁煙、備戰起到了積極作用，林則徐亦因而被譽為「放眼看世界」的第一個中國人。

後來，魏源在呈送給道光皇帝御覽的《海國圖志》中，將「澳門新聞紙」收入，並按其內容分為「論中國」、「論茶葉」、「論禁煙」、「論用兵」和「論各國夷務」等五類，命名為《澳門月報》，署名「林則徐譯」。

林則徐一行進入關閘，澳門行政長官率領百名葡萄牙士兵、四名軍官在關閘前恭迎欽差大臣的到來。林則徐在日記寫道：「甫出關閘，則有夷目夷兵百名迎接，皆夷裝戎服，列隊披執於陣前，奏夷樂，導引入澳」。

澳門的英文報紙《中國叢報》描述當時的情景曰：「成群結隊的看熱鬧的人，已經聚集在院外。而院子內，澳門理事官、中國同知、知縣、以及欽差大臣的代表已經在那恭候。各種禮物：銀子、絲綢、茶葉、豬和角上紮了紅綢帶的小牛，也擺設在廟的正門口……一名騎馬的軍官最先到達，隨後是擡大鑼的，接著是一隊扛旗的中國士兵，引導著欽差大臣的八人大轎。走在轎旁的，還有一隊葡萄牙儀仗兵，在他後面，跟隨著其他官員和軍隊。大員一到，受到恭候的官員迎接，然後被引進廟堂，在那裡稍事休息並與理事官舉行會談。」

林則徐在蓮峰廟內，用一張木神臺做臨時辦公桌，接見了澳葡理事官和葡官員。澳葡理事官和葡官員進見時，「免冠曲身，意甚恭謹」。林則徐申明為維護中葡友好關係：（一）澳門不准囤藏鴉片等違禁品；（二）澳門不得收容通緝犯；（三）澳門要驅逐賣買鴉片煙犯和走私販。葡方官員「點頭領會」，表示遵守，並聲稱：我們「仰沐天朝恩德二百餘年，長保子孫，共安樂利，心中感激出於至誠，何敢自外生成，有於法紀。現在隨日官憲驅逐賣煙奸夷，亦屬會內當為之事。」林則徐向他們「宣佈恩威，申明禁令」，要求葡人安份守法。

結束了同葡方官員談話後，林則徐當即贈送葡官員以綾綢、摺扇、茶葉和冰糖等禮物，對葡兵則賞以牛、羊、酒、面、臘肉等物，洋銀四百元。並核定了貿易章程，以「無損西夷生計」。每年准給葡萄牙人茶葉五十萬斤，以三年通融計。〔註6〕此舉意在使澳葡堅定其心，讓居間的葡萄牙人明白厲害關係，知所取捨。葡方官員「再辭乃委」，「以手柱額者三，敬謹退出」。這次會談在中葡關係史上書寫了友好合作的一頁。

〔註6〕吳志良等：《澳門編年史》第3卷，第1545頁。

　　之後，林則徐一行又經過三巴、媽閣廟和南灣各炮臺，一路上，皆受到隆重歡迎。英文《中國叢報》描述此行道：在欽差大臣必經的道路上，人們在家門口和店鋪的門口擺上香案，上面堆滿了鮮花等物。

　　這一程，林則徐經過了當時澳門的主要商業區及文化中心，觀察了澳門當時最有名的建築和軍事設施，也考察了澳門西方人的居住區，他對澳門這座中西文化交匯之城市有了初步的認識。事後，他在日記中寫道：「凡夷樓大都在目矣。夷人好治宅，重樓疊層，多至三層，肅闈綠牌，望如金碧。」對於外國人的衣著，林則徐也觀察得十分細緻：「惜夷服太覺不類。其男渾身包裹緊密，短褐長腿，如演劇扮作狐、兔等獸之形……婦女頭髮或分梳兩道，或三道，皆無高鬢。衣則上面露胸，下面重裙」。關於異域的婚俗，他也有了基本瞭解：「婚配皆由男女同擇，不避同姓，真夷俗也」。林則徐對澳門的巡閱，是其「欲制外夷者，必先悉夷情始」的一次重要實踐。他說：「所得夷情，實為不少，制馭準備之方，多因此出。」〔註7〕

　　葡萄牙商人對於林則徐義正詞嚴之堅決態度，不敢妄違。遂將儲藏在澳門的鴉片迅速處理，不再販賣。為了禁絕鴉片，林則徐又責令澳葡當局立具結保證書，並公開聲明：「如將來再有西洋夷人販賣鴉片，或代別國奸夷蔥藏儲夥買，獲有實據，即將犯法之夷人，拿送天朝官憲，照依新例治罪。該夷目等不敢稍有庇護，並於嚴譴字樣，以憑查照辦理。」〔註8〕

　　1839年9月3日，林則徐在兩廣總督鄧廷楨的陪同下，親往澳門巡視、落實禁煙事宜。事後將巡閱澳門之情形奏稟道光皇帝。

　　林則徐是清朝歷史上唯一以欽差大臣身份巡閱澳門的官員。林則徐巡閱澳門的全部時間雖僅短短的三個小時，但在澳門歷史上卻具有十分重要的意義。他以清朝皇帝代表的身份，通過巡閱實現了當時中國政府對澳門的主權管理，同時還實現了爭取澳葡當局保持中立、服從中國法律、孤立打擊英國侵略者之目的。在巡閱澳門期間，他拒絕一切禮品，在澳門葡人和其他外國人中間留下了極為深刻的印象。

　　然而，林則徐終究無迴天之力挽救清朝政府的腐敗與衰亡。1840年6月，英國派出的四十多艘軍艦抵達珠江口，鴉片戰爭正式爆發。道光皇帝驚恐求和，林則徐被朝廷以「誤國病民，辦理不善」之罪名，革職查辦。

〔註7〕參見邱遠猷：《林則徐澳門巡閱記》，《炎黃春秋》1999年第11期。
〔註8〕林則徐：《信及錄》，第94頁。

7.3 啟蒙思想家鄭觀應與澳門

鄭觀應（1842～1921）祖籍廣東香山縣雍陌墟人。鄭觀應是中國近代最早具有完整維新思想體系的理論家，揭開民主與科學序幕的啟蒙思想家，也是實業家、教育家、文學家、慈善家和熱忱的愛國者。鄭觀應自幼經常出入澳門，既接觸到了西方文明，也認識到澳門諸多的社會問題。最終在 19 世紀 60 年代開始撰寫，70 年代結集出版的宣傳維新思想的名著《救世揭要》中，即有《澳門豬仔論》、《澳門窩匪論》、《續澳門豬仔論》、《論禁止販人爲奴》等揭露澳門積弊的篇章。〔註 9〕

鄭觀應在澳門共度過八年的隱居生涯。並於 1894 年完成了成熟而完整的維新思想體系的皇皇巨著《盛世危言》。其時正直甲午戰爭爆發、維新變法運動興起之際，此書甫發行，即得到強烈反響，就連光緒皇帝也「不時披覽」，並命總理衙門刷印二千部散發給大臣們閱看。並刊印二十多中版本，可說是中國近代出版史上版本最多的一種。對後世也具有深遠的影響。鄭觀應由此被譽爲「中國近代最早具有完整維新思想體系的資產階級改良主義者，是揭開民主與科學序幕的啟蒙思想家。」〔註 10〕

《盛世危言》一書直接啟迪了在中國後來歷史發展中領導時代潮流的三位偉人：康有爲、孫中山和毛澤東。張之洞高度評價《盛世危言》，稱是書「上而以此輔世，可爲良藥之方；下而以此儲才，可爲金鍼之度。」〔註 11〕

鄭光應之《盛世危言》
圖片來源：田若虹攝於澳門海事館

光緒十九年五月一日，鄭觀應父親，清誥封榮祿大夫、澳門富商鄭文瑞在澳門病逝。其聞訊後，從重慶即返澳守制。守制期間作澳門感事詩一首：

〔註 9〕吳志良等：《澳門編年史》，第 5 卷，第 2356 頁。

〔註 10〕《申報》1921 年，6 月 15 日。夏冬元：《鄭觀應年譜長編》下卷，第 840 頁。

〔註 11〕《盛世危言編輯及刊行大事記》，載《盛世危言：鄭觀應文物集》，第 27 頁。

澳門上古名蓮峰，鵲巢鳩佔誰折衝。

海鏡波平涵電火，山屏煙起若雲龍。

華人神誕喜燃炮，葡人禮拜例敲鐘。

華葡雜處無貴賤，有財無德亦敬恭。

外埠俱謂遁逃藪，名街頻聞賣菜傭。

商務魚欄與鴉片，餉源以賭為大宗。

歷查富貴無三代，風俗澆漓官勢洶。

屋價千金抽八十，公鈔不納被官封。

昔有葡者極暴虐，竟為義士絆其凶。

其謂文明實皆，不識公法受愚弄。

請問深知西洋者，試思此事可曲從。〔註12〕

面對葡萄牙政府在澳地包私藏匿，窩娼聚賭，勒收公鈔，淩虐華民之現狀，鄭觀應希望通過兩國公法和西方法律向國際社會討還公道。

1881 年，鄭觀應在澳門置地建房，修建了佔地約 4400 餘平方米的鄭家大屋。鄭觀應的父母兄弟一家人，與其繼室葉氏都住在這裡。鄭家大屋位於澳門下環媽閣街龍頭左巷十號，這是一座依山面水的嶺南派院院式大宅，但在天花、門楣樣式等建築細節上，卻滲透著十七、十八世紀葡萄牙住宅及西方古典風格的影響，顯示出澳門特有的中西文化交融的韻味。現以澳門歷史城區的一部份被列入世界文化遺產。

7.4 社會改革家康有為與澳門

康有為（1858～1927），廣東南海人，人稱「康南海」，清光緒年間進士，官授工部主事。出身於士宦家庭，廣東望族，世代為儒，以理學傳家。近代著名政治家、思想家、社會改革家、書法家和學者。

1895 年，中國在中日甲午海戰中慘敗，資產階段改良運動興起。次年 11 月，改良派的領袖康有為在上海創辦了名噪一時的《時務報》後，前往澳門活動。繼而，其弟、女兒及眾多弟子也先後來到澳門。

康有為早年為宣傳變法創辦了「一會三報」，即強學會、《萬國公報》、《中外紀聞》和《強學報》。其時，康有為十分注重報紙的特殊功效，他在上光緒皇帝書中，多次提到「設報達聰」的建議。他以為欲變法，非開通民智不可，

〔註12〕鄭觀應：《羅浮待鶴山人詩草》卷一，《澳門感事》；轉引自吳志良等《澳門編年史》，第四卷，第 2019 頁。

而欲開通民智，則「非有報館不可」，故傾注極大精力開設報館，倡言變法。在《萬國公報》發行不久，康有爲即稱「報開兩月，輿論漸明」、「識議爲之一變」、「漸知新法之意」。

康有爲的萬木草堂入室弟子陳子褒亦在澳門辦學，傳輸康有爲的變法維新思想。他辦的子褒學塾（後改爲灌根學校），在澳門享有很高的聲譽，學生人數達百餘人。陳子褒還編印了一些稱爲《三字書》、《四字書》、《五字書》的國文課本，宣傳康、梁的維新、保皇觀點。如《三字書》中就有「戊戌年，朝政變，康有爲，一出現」；「光緒帝，好皇帝」之類句子。《四字書》、《五字書》的內容都是根據康、梁學說和遊記介紹西方的科學和外國風土民情。他們還在澳門籌備教授日文的東文學校，組織由中外人士參加的「澳門茶談社」，倡言變法；並依據康有爲「託古改制」的理論，於農曆八月廿七孔子誕日，舉行祭祀孔子的典禮，這一階段，堪稱澳門維新、保皇活動鼎盛時期。

康有爲改良主義的政治主張，在澳門頗受資產階級和上層小資產階級人物的歡迎，特別是深深吸引了澳門鉅賈何廷光。何廷光原籍廣東順德，屬葡籍華人，他具有比較濃厚的愛國思想。康有爲決定將澳門作爲改良派在華南的活動基地，並讓他的弟弟康廣仁留在澳門，與何廷光共同籌辦一份宣傳維新變法的報紙。爲推行改良運動作輿論準備。何廷光在澳門積極展開募捐、籌款活動，他從當地紳商中集得股金萬元。改良派決定將該報定名爲《知新報》，於1897年2月22日正式出版發行，報址設在澳門大井頭四號，經理爲何廷光、康廣仁，主筆有徐勤、梁啓超、吳恒煒、劉楨麟等八人，康有爲的女兒康同薇任外報文稿翻譯。創刊之初，每五天出一期，自第二十期起，改爲每十天出一期。由於《知新報》內容豐富，言論精湛，又以相當篇幅介紹人們極爲關切的國外時事政治、科學技術，很快暢銷全國，並遠銷到日本、越南、新加坡、美國等地。《知新報》與上海的《時務報》、天津的《國聞報》一起成爲當時變法維新人士最關注的三種報紙。

1899年7月20日，康有爲在加拿大創立「保救大清皇帝會」，簡稱保皇會，隨後他將《知新報》和《清議報》確定爲保皇會會報。澳門改良派人士積極回應，很快組織保皇會分會。康有爲鑒於保皇會在澳門有較大的勢力，澳門又是「近內地、通海外」之地，故決定將保皇會總會遷往澳門。他要求

海外各埠華僑將捐款匯往《清議報》館，尤其以匯往《知新報》館爲宜。華僑的捐款集中到了澳門，澳門的保皇會人士又公舉「忠義、殷實」的鉅賈何廷光兼任「大總理」，總管各款收支事宜等。1899 年下半年，王鏡加，歐榘甲，韓文舉等保皇會重要人士亦皆從各地趕來澳門，當時的澳門成爲了改良派活動的重要基地。

1900 年 1 月，西太后準備廢光緒帝的消息傳出，令澳門的保皇黨大爲震驚。他們通過「知新報」大造輿論，還爲光緒帝籌辦三十壽辰的慶典，決定起兵勤王。勤王之師的主力唐才常在湖南、湖北、江西、安徽等地組織自立軍，澳門保皇黨人策動的廣東義軍亦爲勤王之師的重要組成部分。他們對此次武裝勤王負全面責任，「內之布置義舉，外之聯絡各埠」，而且負有直接在廣東發難的任務。康有爲還派徐勤前往澳門協助何廷光指揮行動。徐勤抵澳後，保皇會總會的活動略有起色。他們利用海外華僑的大筆捐款購置槍械，陸續偷運入澳，並在廣東的不少地方進行起事布置。同年六月，康有爲、梁啓超已在興高采烈地籌畫攻克廣州城後應當實行的具體措施，甚至設想保皇會總會屆時能發揮「中央政府」的職能。然而，終因部署欠密、經費拮据等原因，徐勤等人未能及時舉事。

1900 年 8 月 21 日，維新派自立軍起義失敗。湖廣總督張之洞勾結英國領事，於 8 月 21 日破獲漢口自立軍機關，唐才常、林圭等二十餘人被捕殺。自立軍由是潰散。保皇會在澳門的活動漸趨低落。作爲保皇會喉舌的《知新報》自然也難以爲繼，終於在 1901 年 1 月 20 日停刊，前後歷時四年。1903 年初，因何廷光家道中落，保皇會在澳門無法立足，總會遂遷離澳門。

儘管如此，澳門保皇派仍保持著一定影響。1905 年立憲運動興起後，澳門的保皇會又爲君主立憲制大造輿論。直至辛亥革命前夕，澳門依舊是資產階級改良派宣傳變革維新活動的重要舞臺。

戊戌變法後，保皇派仍然寄希望於清政府內部的改革。辛亥革命之後，康有爲又因主張帝制和復辟，而不容於新的民族資產階級和小資產階級陣營，始終不可能實現自己的政治抱負。

7.5 人民音樂家冼星海與澳門

冼星海（1905～1945），出生於澳門一個海員家庭。中國近代著名作曲家、鋼琴家，有「人民音樂家」之稱。

1905 年 6 月 13 日，冼星海在澳門海邊一個疍民
的船上降生了。〔註 13〕冼星海出生時，他的父親剛
剛去世半年。據說他出生的時候，因為他母親看到
湖邊的大海，海面上朗朗星空，所以給他取名「星
海」。一直到六歲，他都是在澳門海邊長大的。幼年
的冼星海也隨著母親在海上漂蕩，在祖父憂傷綿長
的簫聲中，在漁民喜憂參半的民謠中，冼星海一天
天地成長。

　　1927 年北伐勝利後，國民政府定都南京。安定
的大後方上海，似乎成了藝術教育的寶地，冼星海在蕭友梅的推薦下，進入
國立音樂院。剛到上海不久，冼星海就參加了田漢領導的南國社，並應邀負
責南國社的音樂工作。

　　留法期間，他創作了《風》、《游子吟》、《D 小調小提琴奏鳴曲》等十餘
首作品。在這裡他得到了巴黎國立歌劇院的第一提琴手帕尼‧奧別多菲爾的
悉心指導與幫助。

　　1931 年的冬天，在一個無法入眠的寒夜，聽著窗外呼嘯的冷風，聯想到
大詩人杜甫的《茅屋為秋風所破歌》，冼星海靈感湧動，奮筆疾書寫了女高音
獨唱曲《風》。當時在巴黎的俄羅斯著名作曲家普羅科菲耶夫非常喜歡這個作
品，並為之在巴黎的廣播電臺引介，與安排公開演奏。冼星海繼而進入了當
時世界著名的音樂學校——國立巴黎音樂學院，在保羅‧杜卡教授的高級作
曲班深造。

　　1935 年回國後，正值日寇侵華，冼星海積極參加抗日救亡運動，創作了
大量戰鬥性的群眾歌曲，並為愛國影片《壯志淩雲》，《青年進行曲》話劇《復
活》，《大雷雨》等譜寫樂章。〔註 14〕同年夏天，冼星海從巴黎回到了闊別多
年的上海。他很快應邀參加了南國社和中國左翼戲劇家聯盟音樂小組的活
動，開始為進步電影譜曲。在田漢等人的影響下，冼星海逐漸明晰了自己的
社會責任。他在後來的回憶中寫道：「我漸漸自覺了自己的任務，我毅然地加
入救亡運動，專心寫救亡歌曲」。

〔註 13〕所謂疍民，亦即在沿海港灣和內河上從事漁業及水上運輸，並以船為家的水
　　　　上居民。
〔註 14〕參見李福齡：《澳門舊話）澳門松山學會出版，第 79 頁。

　　1936 年初，冼星海隨上海「愛國學生聯合擴大宣傳團」到郊區進行救亡宣傳活動時，當場為塞克的《救國軍歌》譜曲，這首歌迅速傳遍了全國：「槍口對外，齊步前進！不傷老百姓，不打自己人！我們是鐵的隊伍，我們是鐵的心，維護中華民族，永做自由人！」

　　1938 年，冼星海隨著救亡演劇二隊來到了武漢，並創作了《保衛東方馬德里——大武漢》，這首歌深受武漢民眾喜愛，成為了當時鼓舞人們抵抗法西斯進攻的思想武器。在武漢，冼星海邂逅了著名左翼學者、共產黨員錢亦石的女兒，武漢的文藝骨幹錢韻玲，並與之成為了事業上志同道合的伴侶。

　　抗戰爆發後，澳門同胞在澳葡當局處於中立的情況下，紛紛組建各種愛國救亡團體，當時的「四界救災會」：澳學界、音樂界、體育界和戲劇界人士尤其活躍。他們除了募捐籌款以外，還利用唱歌、演劇，舉辦遊藝會等形式，積極開展抗日宣傳。一時間，《救國軍歌》、《保衛盧溝橋》、《大路歌》、《義勇軍進行曲》等救亡曲傳遍澳門全島。

　　1938 年 10 月 1 日，在八路軍武漢辦事處的安排下，新婚不久的冼星海、錢韻玲夫婦二人踏上了去延安的道路。延安用極大的熱情，歡迎這位從法國回來，把全國抗日歌詠活動搞得轟轟烈烈的音樂家。當時的延安被稱為「歌詠城」，合唱被叫做「全民抗戰」。冼星海一邊在魯迅藝術學院教音樂，一邊以組織歌詠隊之形式參與「全民抗戰」。

　　1939 年 6 月 14 日，冼星海加入了中國共產黨。他在《日記》中寫道：「今天就算我入黨的第一天，可以說生命上最光榮的一天。我希望能改變我的思緒和人生觀，去為無產階級的音樂奮鬥。」

　　延安相對平和而又自由的創作環境和新的人生境界讓冼星海對音樂創作有了一個深刻內省和昇華的過程，他醞釀很久的一個願望又強烈地萌發了：那就是以民間音樂為基礎，參考西洋音樂的先進成果，創造一部中西合璧的民族大合唱。

　　1939 年春，當時延安正在號召大生產運動，在冼星海的提議下，冼星海與詞作家塞克共同完成了一部熱情洋溢的生產大合唱，3 月 24 日，這部《生產大合唱》在陝北正式上演，獲得了極大的成功。繼而，《二月裏來》、《酸棗刺》等歌曲也很快在延安流行開來。

　　1939 年 2 月，詩人光未然根據親身體驗，其乘木船渡過黃河時體驗到的深深震撼：奔騰不息、急流險灘的壺口瀑布、悠長高亢、深沉有力的船夫號

子……，在病床上完成了長詩《黃河吟》。之後，他又在延安的窯洞裏朗誦了這首長詩。冼星海聽後激動地說：「我有把握寫好它。」黃河震撼了光未然，光未然的長詩又深深地打動了冼星海。冼星海難以遏制的創作熱情爆發了出來。他多次請光未然和戰友們向他描述黃河的壯觀景象與渡河的驚險場面，並學唱黃河船夫的號子，以體會黃河的氣概和力量。3月31日，經過六天的努力，三易其稿的《黃河大合唱》終於面世了。

《黃河大合唱》很快傳遍全國各地，毛澤東親切地接見並勉勵冼星海說：「希望你為人民創作更多更好的音樂作品。」周恩來亦為冼星海題詞：「為抗戰發出怒吼，為大眾譜出呼聲。」1940年，《黃河大合唱》的樂譜傳到了美國，1943年，普林斯頓大學合唱團用英文首次在美國演唱了這首震撼人心的樂章。從此，《黃河大合唱》作為中華民族精神的象徵，而傳遍海外。

1945年4月，冼星海在病中完成了他最後的作品《祖國狂想曲》。半年之後，他在莫斯科克里姆林宮醫院病逝。延安《解放日報》報導了冼星海在蘇聯病逝的消息，延安各界為冼星海舉行了追悼會，毛澤東題詞「為人民的音樂家冼星海致哀！」

為了紀念這位偉大的民族音樂家，至今，在世界上有兩條大街是以冼星海的名字命名的。一條位於澳門半島東南部，外港新填海區東部，北起柏林街，南至孫逸仙大馬路的一條長450米的大街。被命名為「冼星海大馬路」，這是他的誕生地。另一條是哈薩克斯坦共和國首都阿拉木圖市的原弗拉基米爾大街，被命名為「冼星海大街」，這裡是他逝世的地方。

兩條馬路，承載著冼星海人生的起終點，雖只有短暫的四十年，但卻見證了他不平凡的一生。冼星海出生在澳門，是澳門人的驕傲，澳門人民一直以培養出了像冼星海這樣的人民音樂家而自豪。為了紀念這位現代中國偉大的音樂家，澳門多次主辦冼星海紀念圖片展、音樂會。在冼星海誕辰九十五週年之際，澳門各界在著名旅遊景點「大三巴牌坊」舉辦了《黃河大合唱》露天音樂會，引起數千觀眾的共鳴。當時的一篇報導這樣描寫道：「音樂響起，《做棉衣》、《二月裏來》、《在太行山上》、《滿江紅》……人們耳熟能詳的一曲曲由冼星海譜寫的歌曲飄蕩在深秋的夜空，人們用專注的聆聽和如雷的掌聲緬懷和祭奠這位愛國音樂大師」。

二、澳門商界名流

7.6　澳門華人代表何賢

　　何賢（1908～1983），這個在澳門曾經家喻戶曉的名字，近半個世紀以來，爲澳門的穩定和繁榮作出了自己應有的貢獻。1941年底，太平洋戰爭爆發，香港淪陷，何賢隨著大批難民撤到澳門。這個只有15平方公里的半島此時還十分蕭條冷落，本地居民多以神香、火柴、搓炮、曬涼果、醃鹹魚等手工製造業維持生計。望著遍佈街巷的小店鋪，嗅著空氣中鹹魚的味道，何賢捫心自問，這裡有自己施展拳腳的舞臺嗎？然而，他不僅迅速地立足於蕞爾澳門之地，而且將其一生和後代緊緊地與澳門聯繫在了一起。

　　由於諸多因素，澳門是二戰期間東亞地區惟一未被戰火波及的地方。也是發展最爲迅速的地方。隨著廣州、香港之淪陷，移民使澳門的人口由十幾萬激增至三十萬。穗港兩地的轉口貿易也大量移徙澳門，澳門的對外貿易額迅速增長。居民物質生活的需要，刺激了當地的工業、漁業、城市建築、交通運輸等各行業的發展。但眞正使澳門聞名於世，並成爲其支柱產業的卻是娛樂業，尤其是賭博業。富商大賈們蜂擁而至，積極參與賭博，紙醉金迷，通宵達旦，荒淫墮落，使澳門成爲一個罪惡的淵藪。

　　戰爭環境中大起大落的金融行情，似乎成了啓動他生存命脈的源泉，很快，他就在澳門金融界嶄露頭角，並且結識了現任澳門中華總商會會長、全國政協副主席的馬萬祺。當時馬萬祺正以總經理的身份和賭博業鉅子傅老榕合股經營著頗具規模的大豐銀號，他十分欣賞何賢從事貨幣和有價證券買賣的才幹，聘請他到大豐擔任司理。這期間，馬萬祺因肺病不能正常工作，大豐基本是由何賢主理。很快，何賢就使大豐成爲同業中的翹楚。

　　在經營事業蒸蒸日上的同時，何賢又受聘擔任了葡萄牙人開辦的大西洋銀行華人業務部經理。當時澳門市面上流通的貨幣主要是港幣，此外還有廣東銀毫和大西洋銀行發行的澳門幣。香港淪陷後，港幣價值猛跌，廣東銀毫又大量流出，澳門市面上貨幣緊缺。澳門幣已不能像以往那樣在葡萄牙國內印完再運到澳門，惟一的出路是在本地自印。何賢遂向大西洋銀行董事會陳述了自己的意見，建議他們向澳門當局申請增印澳門幣。

經過一番努力，大西洋銀行終於取得了增印澳門幣的權利。新澳門幣投入流通，對穩定澳門市場、便利居民生活，有著舉足輕重的意義，何賢從此名噪澳門。

成功增發澳門幣後，何賢開始出入上流社會人士雲集的同樂俱樂部，在這裡，經金融鉅子鍾子光介紹，他結識了澳門當局經濟局局長羅保。羅保是華裔葡籍人，受過高等教育，精通葡文，又能說中國話。在澳門這個由葡人統治，華人占總人口 96%的地方，自然受到重視。羅保與何賢很談得來，關係也十分密切。

香港淪陷後，黃金被禁止進口，香港和東南亞的黃金買主都湧到澳門來收購。於是何賢、羅保、鍾子光三人合股開了一家「和安」黃金公司，並通過羅保取得了經營黃金的專利權。公司主要由何賢經營。他派人到非洲等地購買黃金，再利用羅保的關係，聘請西探部探員，把黃金從碼頭護送到公司，賣給香港及東南亞等地的客商。經營黃金的十餘年間，何賢可謂財源茂盛，這為他日後的事業奠定了雄厚的經濟基礎。

隨著經濟實力的增強，何賢在大豐銀號由司理升為經理，在銀號中所佔股份的比例也逐年增加。1971 年，當大豐銀號註冊為大豐銀行時，便主要由何賢控股了。自四十年代中期起，何賢又陸續開辦了印染廠、紙廠、火柴廠、石粉廠、酒店、地產公司、公共汽車公司、自來水公司、石油公司等，形成了頗具規模的企業集團。

如果說，澳門當局經濟局長羅保，對於作為商人的何賢有過重大影響的話，那麼柯麟，則是對作為社會活動家的何賢影響最大的一個人。1945 年，何賢在柯麟的影響下加盟鏡湖醫院，擔任慈善會值理，1950 年起直至逝世，他連任該會主席，義務任職長達三十七年。何賢幽默地說：這個位置沒人跟我爭。

其後何賢又當選為中華總商會商會理事長和會長。澳門中華總商會日漸成為他在澳門從事社會活動的主要舞臺。何賢於 1954 年當選為第二屆全國政協委員，1956 年起，連續當選為二、三、四、五屆全國人大代表，1956 年，何賢受到毛澤東主席的親切接見。

澳門人戲稱何賢為「澳門王」。因為每當關鍵時刻，他總是挺身而出，為他人排憂解難。

由於生意上的關係，何賢和葡萄牙人來往很多，其中包括澳葡政府官員甚至澳督本人。有些當局不便出面，或難以處理的事情，何賢總是不避勞苦和麻煩，竭盡全力奔走斡旋。

　　1943 年春節前夕，日軍藉口駐島的陸、海軍特務機關內訌，封鎖了澳門島。頓時島內物價飛漲，貧苦居民衣食無著。羅保受澳督派遣前往交涉，遭到拒絕。於是何賢協同商會的幾個人找到日本陸軍特務機關的機關長，幾番鬥智鬥勇，使澳門解除了封鎖。

　　五十年代初，大豐銀號二樓掛出一塊牌子：澳門華人代表何賢辦事處。「華人代表」是老百姓對澳門「諮詢會」華人委員的俗稱。雖然這個委員是澳門總督直接委任的，可何賢認為，百姓既認定自己是「華人代表」，就要真正為華人說話，替百姓辦事。

　　1966 年 11 月 15 日，澳門員警以氹仔居民建立工人街坊學校未經報批為由，強行拆毀圍牆，毆打工人。事發後，民眾反應強烈。12 月 3 日，當遊行的學生來到總督府門前時，葡萄牙員警開槍打死 8 人，打傷 212 人，造成震驚世界的「一二・三慘案」。何賢得知消息後，立即停下大豐銀號的會議，驅車前往鏡湖醫院，弔死問傷，布置搶救工作，併發表講話：「今天中國人之團結是不可辱的，澳葡當局應負起此次事件的全部責任。」

　　1967 年 1 月 29 日，澳門總督嘉樂庇親自前往澳門中華總商會，在何賢等 13 名代表面前，簽署了對澳門同胞的認罪書。

　　何賢從四十年代起，直至 1983 年去世，他一直起著紐帶的作用，聯結著澳門社會的四面八方，為澳門的穩定繁榮發揮了獨特的作用。何賢經常講，錢於人，生帶不來，死帶不去。取之於社會，用之於社會，才是發揮了錢的真正作用。他不但這麼說，而且也是這麼做的。

　　抗日戰爭勝利後，人們紛紛返回內地或移居香港，澳門頓時冷落下來，旅遊業更是一落千丈。而何賢卻在這時購買了新亞、澳門、國際三家酒店。別人不解，明擺著虧本的買賣為什麼他要做？何賢關注著的卻是「已經有多少工人失業了」。1968 年，何賢入股港興船務公司，他並非朝錢看，而是被「逼」下水。心憂行將倒閉的港興老闆，以及因港興停航而心急如焚的乘客。

　　何賢十分熱心慈善事業。他出錢又出力，除了維持鏡湖醫院的慈善活動外，還多次向「同善堂」捐助，以供施粥贈藥之需。其父何澄溪三週年祭日時，何賢告知各界好友：「凡欲送禮者，請致送鏡湖慈善禮券。」結果，鏡湖醫院慈善會收到港幣 22.4 萬元。1962 年夏，澳門政府決定將一組租給貧民的房屋拍賣。一旦賣掉，原來的居民就要流離失所。何賢慷慨解難把這些房子買了下來，讓原來的居民繼續居住於此。

深深體會到文化水準低的不便，也深深意識到教育對於社會不斷進步的意義，只讀過三年私塾的何賢，擔起了澳門教育會會長、多家中小學董事長、多家義學和免費夜校的創辦人的重任。1981 年，何賢提議創立了澳門的首家大學——東亞大學（現澳門大學），並任校董會主席。澳門的重要景點八角亭圖書館也是何賢捐資建成。

1983 年，何賢患了肺癌。赴美治療前夕，他將一直在香港工作的二十八歲的兒子何厚鏵召到身邊。最終，何厚鏵不負重望，當選爲澳門回歸祖國後的首任特首，成爲澳門歷史上第一個由澳門人自己推選出來的「掌舵人」。1983 年 3 月 6 日，何賢在香港伊莉莎白醫院與世長辭，享年 75 歲。12 月 9 日，港澳各界舉行盛大的公祭儀式，名流與百姓雲集，靈堂內外擺滿花圈。眾多的花圈中有一個特別引人注目，「沒有擡頭，沒有落款，只有一個濃墨淋漓的大字：『服』」。

7.7 肝膽照澳門之馬萬祺

馬萬祺（1919～），廣東南海人。澳門東亞大學工商管理榮譽博士學位，暨南大學名譽博士。現任十一屆全國政協副主席，中華文學基金會會長，澳門中華總商會會長，澳門大華行投資有限公司董事長，鏡湖醫院慈善會董事會主席。馬萬祺之馬家，與何厚鏵之何氏家族，以及在澳門崛起之後的第三代傳人崔世安之崔氏家族，鼎足而爲「澳門三大家族」。在這三大家族中，自始至終都在從政，也是最早崛起的馬萬祺家族。曾被周總理親切地譽爲「我們黨的忠實老朋友」。

馬萬祺先生是澳門知名實業家、商界名流，1941 年香港淪陷後，馬萬祺移居澳門，先後與友人組織恒豐裕行、和生行、大豐銀號和恒記公司，歷任總監督、總經理等職。

馬萬祺在澳門生活了六十六年，堪稱澳門現當代滄桑巨變的見證者。在與記者談到他親歷的澳門回歸感受時，他不無動容地說，澳門自古就是中國領土，16 世紀中葉葡萄牙殖民者強行租占澳門，致使澳門離開祖國長達 400 多年。1999 年 12 月 20 日，我國恢復對澳門行使主權，澳門重又回歸祖國。當年談判時葡方曾一度提出要把交還澳門的時間推遲到下個世紀，對此我方明確指出，澳門問題必須在本世紀內解決，決不能把殖民主義的尾巴拖到下一世紀。拳拳愛國之心表漏無遺。一次葡萄牙政府在與中國政府的談判中提出，葡方多年來在澳門都沒有駐軍，中方也不能駐軍。馬萬祺得知後立即找

到新華社澳門分社負責人，請他即向中央反映，馬萬祺說：「駐軍反映國家主權。如果沒有駐軍，出了什麼事情怎麼辦，因此無論多少一定得有駐軍。」不久新華社澳門分社轉告馬萬祺：中央同意他的意見，一定在澳門駐軍，請他放心。馬萬祺亦強調表明：「後來，我見到小平同志，也跟他說了。駐軍這個問題不容商討。澳門在回歸前治安狀況很不好，只有由中國人民解放軍駐澳部隊作堅強後盾，這對黑幫和犯罪分子才有強大的威懾作用。」馬萬祺把濃厚的民族意識、歷史意識融會於信念和行為的統一之中，愛國、報國是他生命與事業的主旋律，他常常愛說的一句話是「貴賤難移肝膽照」。這種中國傳統文化中具有強大感召力的思想武器成為了他愛國愛民的精神支柱，也是其為人處世的準則。

馬萬祺是澳門市民信賴的忠厚長者，無論是作為商界名流抑或政壇人物，他最珍重的依然是人與人之間的真情。1943 年 1 月 15 日，立足濠江事業有成的馬萬祺與相戀多年的羅柏心共結連理。在婚宴中，馬萬祺慷慨地將為其婚禮準備的五萬大洋全部捐出，電匯到廣東省婦女會，請婦女會把這筆錢作為抗戰時期兒童教養院撫育孤兒的經費。其深明大義之舉，令在場嘉賓唏噓不已。婚後，他們夫婦倆恩愛逾恒，同心同德發展事業，從一間米鋪的生意發展成為澳門數一數二的商業王國。

1943～1994 年，馬萬祺經常讚助澳門最大的民間慈善醫院——鏡湖醫院。同時他大力讚助辦學。他先後支助過的大中小學有：澳門濠江中學、培道中學、廣大中學、商訓夜中學、青州小學、鏡平學校和澳門大學。

馬萬祺還見證了四十年前中華大地撥亂反正、中國走向改革開放的那段波瀾壯闊的歷史，他帶頭投資、捐資內地，堪稱港澳愛國人士的傑出代表

在解放初期及改革開放初期，馬萬祺先生多次向中央領導人提議「應該發動僑胞投資祖國」，在深圳特區成立之初，馬萬祺與霍英東、何賢率先向珠江三角洲投資，興建了國內第一家合資的星級賓館中山溫泉賓館，修建了從澳門到廣州的四座大橋，讓澳門與廣州之間的交通狀況得以改善。馬萬祺還多次為內地文化教育事業捐助鉅資。他曾捐款一千萬資助解放軍總醫院設科技創新基金；汶川大地震發生後，又攜其子馬有禮共捐款伍佰一十萬港幣。

作為「黨的忠實老朋友」，抗戰初期馬萬祺即從事黨的地下活動。1935 年初，在當時前上海中共中央特委柯麟的安排下，在香港居住的北伐名將葉挺

將軍，不久後也轉到澳門賈伯樂提督街的一棟洋樓居住。馬萬祺便以葉挺將軍助手的身份，被共產黨安排在葉挺將軍身邊，照顧葉挺將軍一家大小的生活起居和對外聯絡工作。1937 年抗戰爆發，同年底，葉挺將軍離澳北上，出任中共新組建的新四軍軍長。馬萬祺則留在澳門，接受柯麟的領導，幾乎參與了以後七十多年中國共產黨在澳門的一切重要政治工作。

其時，馬萬祺與葉帥見面，談起曹孟德的「龜雖壽」。當時正受著「四人幫」監視的葉帥示意馬萬祺遞過手掌，便在他手心寫了「老驥伏櫪，志在千里」八個字。馬萬祺回憶說：「我感到了葉帥臨危不懼的膽識和志在千里的氣魄」。七十年代初葉帥得知馬萬祺的身體很不好，立即讓他把病歷送到北京請專家會診。一俟葉帥環境好轉，就讓馬萬祺進京治病，院方對其的治療方案葉帥都親自過問，體現了老一代革命家對愛國人士的深切關懷。

馬萬祺既是一位政界要人、工商鉅子，更是一位詩詞大家。其作品亦史亦詩，墨落愛國之情、報國之義，在弘揚中華傳統文化方面建樹頗豐。他在長期的商業生涯中，堅持創作詩詞，1988 年出版的《馬萬祺詩詞選》，收集了其前後五十年間的詩詞。1994 年由暨南大學出版社出版了《馬萬祺詩詞選》，收集了其 1937 年到 1988 年的部分詩詞二百首，約四十萬字。《馬萬棋詩詞選（二集）》由鄧小平題寫書名，並有江澤民、李鵬、喬石、李瑞環、楊尚昆、

萬里、葉選平等黨和國家領導人題詞。中國作家協會、中華文學基金會、人民文學出版社於 1995 年 1 月 10 日在人民大會堂新疆廳聯合主辦了馬萬祺詩詞選（二集）》首發式。全國人大常委會副委員長王漢斌、雷潔瓊、吳階平，全國政協副主席錢偉長、胡繩、楊妝岱、鄧兆樣、錢正英、孫孚凌、朱光亞以及文藝界知名人士共二百餘人出席首發式。

馬萬棋先生在長達半個世紀的漫長歷史中，堅韌不拔地關懷，支持、參加祖國人民的革命事業、建設事業、改革開放大業，他以詩詞抒其懷抱，關注五洲風雲，遨遊祖國河山，牽掛災民冷暖，歌頌特區新貌，以人民的憂樂為自己的憂樂，堪稱我國詩壇之楷模、儒商之典範。他以其人生與創作實踐撼動著澳人的心靈。其詩詞字裏行間跳動著時代的脈搏，抒發著人民的心聲。

　　據 2001 年《人民日報海外版》報導〔註15〕，在 1999 年 12 月 20 日澳門回歸祖國之際，從馬萬祺先生數十年來創作出版的數百首詩詞中精選出「馬萬祺詩詞選粹書畫作品展」的一百二十六件書畫作品，當天下午 3 時在澳門置地廣場展廳隆重展出。全國政協副主席馬萬祺、澳門特別行政區行政長官何厚鏵、中央駐澳聯絡辦副主任宗光耀、外交部駐澳特派員原燾、澳門特區社會文化司司長崔世安、中國文聯副主席張鍥等為開幕式及首發式剪綵。澳門各界數百人出席。詩人的博大情懷和書畫家的精湛藝術，博得社會各界人士的高度讚譽。正值《澳門基本法》頒佈八週年之際。主辦單位希望通過展覽表現澳門當代歷史，慶祝澳門回歸祖國一年多來所取得的成績，加深愛國主義情懷，從而增強海內外華夏子孫對祖國的凝聚力。

7.8 商界鉅子霍英東

　　霍英東（1922～2006），家族原是艇戶。霍英東通過自己的艱苦卓絕的努力，憑藉自己的聰明才智而成為經營地產、建築、航運、旅館、博彩、酒樓、百貨、石油等業務的一代商業鉅子。霍喜歡足球運動，當年香港足球界稱他為「千盤腳」，意思是他有千萬身家。下場賽足球，他踢球的腳價值千萬元。
〔註16〕1961 年他與葉漢、葉得利、何鴻燊等競得澳門博彩專利權，創辦澳門旅遊娛樂有限公司，為最大股東。他歷任香港地產建設商會會長，孫中山基金會名譽會長，國際足聯理事，亞洲足球聯合會副會長，世界羽毛球聯合會名譽會長，亞洲象棋聯合會會長，國際儒學聯合會顧問等職。歷任第八屆、第九屆、第十屆全國政協副主席；第五、六屆全國政協常委，第七屆全國人大常務委員會委員，和第八屆全國人大代表（港澳）。

　　2006 年 10 月 29 日，澳門特區行政長官何厚鏵對霍英東逝世深感惋惜，說「英東先生是一位成功的企業家，也是知名的愛國慈善家，多年來服務社會，造福家鄉，積極參與國家建設，在推動各地教育、醫療衛生、體育、科學、文化藝術、社會公益等方面做出了大量貢獻，更一直致力推動港澳兩地的經濟、社會和文化建設。霍英東先生於 2002 年在澳門成立霍英東基金會，支持澳門及內地教育、醫療、體育、文化事業發展」。

　　香港《大公報》的報導說，霍英東的一生是傳奇的一生，也是愛國愛港愛鄉的典範。他畢生的夢想是見到國家興旺，民族富強。多年來，他不斷投

〔註15〕參見：《人民日報海外版》， 2001 年 03 月 29 日，第三版。
〔註16〕李福麟編著：《澳門舊話》，澳門松山學會出版，2009 年版，第 108 頁。

入自己的財富、心血和精力，一心一意為實現祖國現代化而努力，並為國家的發展做出了巨大的貢獻」。

《文匯報》在題為《為國為港　勞心勞力》的文章中，高度評價霍英東在國家改革開放和經濟發展中做出的卓越貢獻。文章說，霍英東先生為祖國體育和教育事業也貢獻良多。霍英東一直被人們稱為是「中國民間體育大使」，他為幫助中國體育重新走向世界花費了大量的時間、金錢和心血。他還對祖國的文教事業全力支持。他先後為國家的體育和教育事業捐出數以十億計的資金。

中新社澳門十月二十九日電題：斯人遠去　英名永駐　──全國政協副主席馬萬祺追憶霍英東先生。文章說，霍英東先生是港澳民眾敬仰的長者，（霍去世的）消息牽動了人們懷念之心。馬萬祺先生與霍英東先生為同齡人，半個世紀以來交情頗深，是事業的合作者，又是數十年在全國人大、政協參政議政，志同道合人。馬老回憶五十年代初識霍英東先生時說，早年先生在香港經營貿易及房地產等生意，抗美援朝戰爭期間，中國內地被歐美圍堵禁運，我們想方設法運送物資返內地與祖國貿易。與祖國貿易建立了彼此間愛國的夥伴關係。上世紀六十年代，何鴻燊先生競投澳門賭牌，向霍英東商借四十萬元，投牌成功後，霍英東遂成為澳門旅遊娛樂有限公司大股東。由於霍老無意經營博彩，將自己在澳娛全部百分之二十七股權轉入霍英東基金會，推動了慈善事業。霍英東愛國至誠、為人謙厚，是愛國愛港愛鄉的典範。

長期保有澳門旅遊娛樂有限公司股東身份的霍英東先生在 2002 年聲明時指出的：澳門娛樂公司是在一九六二年組成，我是股東之一。當時公司的宗旨是不牟利的，所得的利潤用於建設發展澳門及澳門 慈善事業，……我個人的立場並沒有變化。當年，還處於壟斷經營狀態中的博彩專營公司，在海陸空、金融、房地產、飲食、娛樂事業、文化藝術、新聞傳媒等多個行業都有巨額投資，「在澳門三十多項公共專營事業和所有經 濟、文化領域中建立了千絲萬縷的關係，差不多控制了整個澳門的經濟命脈」。

眾所周知，雖然在富豪榜上霍英東先生並不位列最前茅，但他卻是全港捐獻最多的慈善家。據統計，過去數十年來，霍英東的慈善捐款超過 150 億元，其中 2002 年 4 月他把自己在「澳門旅遊娛樂公司」退出的約值 60 億～70 億元的股份全數捐給他在澳門成立的基金會，用於建設澳門，成為香港歷年來一次捐獻的最大筆捐款。以他的名字命名的「霍英東基金會」在 1977 年

成立後，一直以捐獻和非贏利投資形式，策劃了數以百計的專案，尤其是在推動各地教育、醫療衛生、體育、科學與文化藝術、山區扶貧、幹部培訓等方面做了難以勝數的工作。而且晚年的霍英東先生仍然情繫桑梓，投入了鉅資支持家鄉建設，他要把位於番禺的南沙建設成香港式的海濱城市，預計總投資超百億元。此舉對保持珠三角的長期繁榮發展意義重大。霍英東先生胸懷之博大，志向之高遠，品格之高尚，愛國愛鄉之情深重，由此可見一斑。霍英東先生的一生是奮力拼搏、創業致富的一生，也是心繫慈善、回報奉獻的一生。從這個意義上講，他是「富人」的標杆。尤其是在中央大力推動建設社會主義和諧社會的今天，為富當學霍英東，這應該說是當今中國富豪們，必須要認真思考的一個很現實的人生觀和財富觀的問題了。

第八章 澳門，開放性與多元性的城市氣質

一、澳門城市的生活空間

　　一座城市的人文歷史和建築風貌總是與她的自然環境密切相聯的，因為自然環境是人類生存與活動的基礎，在開發與利用自然條件的過程中，人類以自己的勞動生產與文化活動不斷地加工和改造自然環境，從而形成了人文環境。四百年來的澳門正是在這樣一種自然環境中，講述著自己跌宕而悲壯的人文故事，一部城市文明發生、發展與變遷的史詩。近代以來，特別是自十九世紀六十年代至二十世紀初，澳門選擇了填海造地，拓展城市空間的途徑，使其自然景觀與人文歷史有機地結合起來，使得澳門成為一座充滿動感的城市，又是一座充分人工化的現代城市；既有自然風光的靜謐旖旎，又有市井人生的熙攘喧囂，二者共同構成了澳門城市風貌的立體圖卷。

8.1 海濱城市的選址策略

　　凡是到過澳門的人都會被那異國風情與濃鬱的南國民俗所吸引，澳門建築文化遺產的特色，即充分反映了澳門作為中西文化交流的橋頭堡的文化歷史價值。由於中西文化的混合與交融，使澳門這座城市形成了多元文化共生的特點，在城市建築中也有明顯反映。許多西方建築風格逐漸被移植進來，傳統的中國建築型制也依然繼續得到發展。尤其是中西混合的建築型制更成了澳門的一大特色。早期的澳門遵循著傳統的葡萄牙海濱城市同樣的規劃結構，和果阿、麻六甲類似。這些 16 和 17 世紀城市的起源、

管理與組織同大多數泛愛琴海地區的城市一致，而和嚴格條塊規劃的羅馬城市風格不同。葡萄牙殖民統治城市所在地嚴格遵循著希臘風水學說。其戰略位置，選擇島嶼或者半島為海上貿易和戰鬥提供支持，與其它海濱友好城市保持聯繫，這種城市網路的思想影響深遠。如從烏拉圭一直到長崎，他們都是按這種思路選擇的。長崎在 1570 年受到耶穌會統治，葡萄牙人利用此地作為他們到日本船隻的避風港。其避風港：則選擇便於補給食物和水，以及保證冬季和季風時期維修船隻，補給燃料和提供保護的地方。同時注意選擇佔領高地：高地一貫是作為防守最安全的地方，並且可以建造壯觀的宗教建築。受到攻擊的時候，可以倚仗少量兵力進行有效防守。這些考慮在葡萄牙的印度殖民地城市澳門、果阿中，皆明顯地表現出來。〔註1〕

8.2 澳門城市空間的劃分

早期的澳門城市是由城牆劃分為城內和城外兩個區域。作為葡萄牙在亞洲的殖民地，澳門多少保留著葡式的城市結構。城市中心尋求對土地的真正統治權，利用自然地形：港灣、礁石，步步為營定居下來。直街和一連串教堂的前地的結構依稀可辨。澳門作為葡萄牙的殖民地，其城市文化在東西方文化的交匯處表現出強烈的對古老文化根基認同的傾向性，是由一種強烈的種族統一和團結感為基礎的向心力所維繫的，傾向於統一和鞏固。不同於同為葡萄牙殖民地的印度以「人的等級制度」概念為中心。澳門的城市環境在二十世紀的後二十年，受到經濟和社會結構的嬗變，如旅遊的衝擊，房地產投機、中產階級的湧現以及回歸中國，這一切不僅改變了城市的外貌和人口的結構，而且還改變了城市和居民的關係。但無論如何，澳門城市對所有民族和階層開放的特性沒有改變。它包容一切，它具有殖民城市的特性，具有經濟特區的活力。澳門城市環境的營造在複雜多樣的歷史環境中，需要採取動態和多維度的視點，這樣才能瞭解其意識形態與民族精神，深刻理解澳門城市歷史發展對城市空間結構之作用。

8.3 多元居住模式

澳門近代居住建築概括地說包括了葡華兩大類型。同時由於社會階層複雜，澳門近代居住建築具體形式又是豐富多彩。澳門社會存在多個階層，亦存在著多種生活方式，對應著多種生活空間，造成居住建築形式的多樣

〔註1〕參見樊飛豪：「澳門建築的精神」，《澳門雜誌》，第35期，第4～14頁。

性。《澳門紀略》描述十八世紀的葡人住宅：「屋多樓者，樓三層，依山高下，方者、圓者、三角者、六角、八角者、肖諸花果狀者，其復俱爲螺旋形，以巧麗相尚。垣以磚，或築土爲之，其厚四五尺，多鑿牖於周，垣飾以堊。牖天如戶，內闔雙扉，外結瑣窗，障以雲母。樓門皆旁啓，歷階數十級而後入，窈窕詰屈。己居其上，而黑奴居其下。門外爲院，院盡爲外垣，門正啓。」〔註2〕華人居住模式分爲水上與陸上兩種。陸上住宅包括合院住宅、竹筒屋以及一些豪宅等，水上住宅則主要是漁民的舟居、船屋、海屋等。傳統合院式住宅的房屋按尊卑等級嚴格定位，依靠多個天井組織，同時建築的通風和採光也依靠天井來解決。竹筒屋往往臨街建造，多爲獨立兩層樓房，底層是商店或手工業作坊，上部住人。受用地限制，這類住宅開間小，進深很大，通風、採光等也主要靠天井來解決。澳門漁業資源發達，漁民眾多，他們是社會中一個較爲獨特的階層，與陸上居民有著本質的區別。同時，他們又是一個相對獨立的群體，以海洋作爲自己的生存環境，形成自己獨有的居住建築形式，他們聚集在半島西邊，船隻形成一片浮宅，後來由於海灘不斷淤積，船隻越來越遠離海岸，因而船屋不斷被陸上住宅取代。

二、讓澳門建築告知她的歷史

　　澳門是一處遙踞東南沿海之濱的美麗島嶼，也是一座浪漫而奇異的文化城市，城市中的每一處角落既鐫刻著斑駁歲月的濃濃印痕，又揮發著現代都市文明的勃勃朝氣。綿長的歷史和特殊的地理位置賦予了她深厚的底蘊和綽約的氣質。

　　澳門自 1557 年開埠至 1999 年回歸，歷時四百餘年，經中葡雙方共同經營，形成今日獨具魅力的城市形象。建築是城市文化的載體，是社會各階層活動的物質縮影，因而能反映出當時人們的生活狀態，而澳門近代四百年的建築尤其能體現中西文化碰撞、衝突、交融下人們的生活，它是形成澳門獨特城市精神的見證。澳門可以說是近代建築的博物館，澳門半島上「高棟飛甍，櫛比相望」，其建築形式豐富多彩，類型多種多樣，令人目不暇接。

〔註 2〕清印光任、張汝霖，趙春城點校：《澳門記略》廣東高等教育出版社，1988 年版，第 59 頁。

8.4 現代文明的氣息，澳門民宅建築

　　與人民生活密切相關的澳門居住建築發展迅速、類型豐富、數量眾多，從一個側面反映了近代澳門社會發展與構成的複雜性。其顯著特徵即葡華兩大族群分別發展自己的居住區。由於文化的根本差異，兩者在空間上存在著明顯界限，表現出各自的發展脈絡。葡人居住區主要分佈在半島的中部和東南部地區。葡人居住區的空間結構具有明顯的葡萄牙傳統城市的特點。首先，體現了葡萄牙海岸城市的模式，即在空間布局上包括「上城區」與「下城區」兩部份。﹝註3﹞上城區是城市的生活空間，是人們政治、宗教集會等一切與日常生活有關的場所。下城區是沿港口發展的商業空間，位於沿海低平地上，與海洋保持著密切聯繫。葡人居住區體現了葡萄牙傳統城市中「直街」的概念。在葡萄牙大小傳統城鎮中，都有一條在全國同名的街道，即「直街」。澳門葡人居住區的「直街」從沙欄仔街起，延伸至花王堂，再折向東南至聖保祿教堂，再向南延伸至板樟堂，最後到達大堂，此後繼續向南延伸到聖奧斯汀堂、聖老楞佐堂。﹝註4﹞幾個世紀以來，葡人居住區基本以這條「直街」為脈絡生長，這條街道把澳門幾乎所有重要宗教與公共建築串聯起來，從而將葡人居住區統一為整體。

　　與葡人居住區相比，華人居住區沒有統一的脈絡結構，而是分散成多個據點，在半島的北部、東北部、以及西部各自獨立發展。大量華人入澳，使原來聚落不斷擴大。初期主要集中在望廈聚落、媽閣聚落、沙梨頭聚落這三個聚落，其中沙梨頭聚落經過幾個世紀的發展，已成為人口眾多的大漁村。半島中北部地區還湧現出一些新的華人村落，其中較為重要的有龍田、新橋、塔石、龍環等村。除以上獨立發展的村落外，半島西部內港一帶逐漸擴展出華人城區。華人城區基本圍繞商業空間發展，主要居住著手工業者。其手工藝活動至今仍保留在澳門的街名中。如小販巷、工匠巷、工業街、買魚巷、鞋里、轎夫巷等。

　　華人居住區整體體現著中國傳統的風水原則，以及以寺廟建築為中心的組織結構。如中國近代思想家鄭觀應的祖屋「鄭家大屋」，即為晚晴頗具規模的中式建築群。鄭家大屋約建於1881年，位於澳門半島亞婆井前地龍頭左巷。

﹝註3﹞葡‧若澤‧曼努埃爾‧費爾南德斯著，陳用儀譯：《葡萄牙建築》，中國文聯出版社，1998年版，第121頁。

﹝註4﹞劉先覺、陳澤成主編：《澳門建築文化遺產》，東南大學出版社，2005年版。第28頁。

圖片來源：田若虹攝於澳門鄭家大屋

　　由鄭觀應的父親鄭文瑞建造。據鄭觀應《題澳門新居》附注云：「先榮祿公夢神人指一地曰『此處築居室最吉』，後至龍頭井，適乎夢中所見，因構新居。」〔註5〕鄭家大屋龐大的建築群前是一座中式的門樓，內部的樓房是中西結合的表現。西式的二層建造方式配合中式的天井院落空間布置整體建築。門窗洞口及門窗楣裝飾等都採用了西式建築的特點。鄭家大屋建築內斂的性格，門樓、倒坐、入口神龕等彰明了建築類型的歸屬；但靈活的布局，西式的柱子和拱卷卻又展現出異域情調。鄭家大屋昔日之秀麗風光如鄭觀應《題澳門新居》詩云：「群山環抱水朝宗，雲影波光滿目濃。樓閣新營臨海境，記曾夢裏一相逢。三面雲山一面樓，帆影出沒繞青州。農家正在蓮花池，倒瀉波光接斗牛。」鄭家大屋是澳門最有代表性的一座中西混合式住宅，如今已被列為文物保護對象。

　　此外，高可寧澳門大井頭高德成堂大廈也是這種中西合璧的代表，外形採用20年代港澳盛行的「羅馬式」風格，表面華貴典雅，屋內則全用中式，裝飾美倫美奐，大堂正中雕刻不百壽圖，全屋置百多幅刻花玻璃，均成北京

〔註5〕劉羨冰：《鄭觀應〈盛世危言〉與鄭家大屋》，載於《澳門文化雜誌》，1988年第6期，第25頁。

定制而來，雕刻花草樹木、飛禽走獸、神話故事等。〔註6〕這一類的豪宅有堅實的經濟實力，對西方建築的模仿比較講究。

位於西灣街的原怡和洋行，建於十九世紀初，外觀是簡化的西方折中式，造型簡潔典雅。建築底層原是洋行在華商務監督的辦公場所，二樓爲居民用房。這處房屋也是一處澳門典型的西式大型住宅。

氹仔住宅博物館，原氹仔海濱別墅，位於氹仔海邊馬路邊的龍環葡韻景點。建造於 1921 年，是典型土生葡人的別墅式建築。每幢別墅面積三百五十平米，地上二層，地下有架空層，建築東南二面有外廊。外觀具有明顯的景觀與地標作用。每幢箭鏃之間相距十米左右，門前是碎石小路，路邊古樹婆娑，人行期間，彷彿又回到二十世紀初葡人生活的時代。

8.5 近代變革之投影，澳門公共建築

建築作爲社會文化具體表現之一，其發展脈絡與社會基本一致。澳門社會變遷帶來的思想、行爲、生活方式的變更必定在其近代建築發展過程中有所印證。事實證明，澳門近代社會變遷從各個層面爲城市發展提供了契機，公共建築蘊含著社會生活多方面內容，則社會種種變革必定投射到各公共建築類型當中。不同建築類型對變革的回應是不一樣的，如果說鴉片戰爭以前公共建築類型相對單一，多與宗教密切相關，那麼之後數量則大增，出現了更多具有世俗意義的建築類型。

鴉片戰爭以前，澳門公共建築主要是醫院、學校和慈善設施類，它們與教會關係密切，這是由於教會在澳門近代教育和慈善事業中發揮著重要作用。澳門第一間醫院和第一間慈善機構均由卡內羅主教創辦。他曾在 1575 年 11 月 20 日信中說：「甫抵澳門，即開設醫院一間，不論教徒與否，一律收容。」〔註7〕澳門有著悠久的慈善救濟傳統。葡人沒有把做自己的行動範圍局限在經商、宣傳基督教等方面，他們同樣對教育、科學、語言、文化藝術和人道主義的活動都表現出了即達的興趣。尤其在人道主義方面。葡人塞爾馬‧德‧維埃拉‧維約在《葡萄牙航海家在東南沿海諸社會可能存在的影響》文中說：「葡萄牙人開展的這場運動稱之爲慈善活動；看到樂善好施的人們爲上帝效力，幫助貧窮的人們，是多麼的令人欽佩啊。」這類慈善救濟工作一直延續

〔註 6〕李鵬翥：《澳門古今》，第 99～100 頁。

〔註 7〕轉引自湯開健《明代澳門城市建置考》，《澳門文化月刊》，1998 年，第 35 期，第 87 頁。

下來，幾百年中逐漸形成澳門的一項傳統。〔註8〕澳門最早的慈善機構是仁慈堂，1491年8月15日創辦，當地華人俗稱為「支糧廟」。《澳門紀略》載：「南隅有廟曰『支糧』，如內地育嬰堂制，門側穴轉斗懸鐸，有棄其子者，摯聲響鐸，置轉斗中。僧聞鐸聲至，收而育之。」〔註9〕現在仁慈堂大樓位於議事廳前地，大樓一層作為政府部門「立契公署」，二層為仁慈堂機構，並設有仁慈堂博物館。聖拉法艾爾醫院，是澳門第一家醫院，亦即中國土地上第一座西式醫院。現為葡萄牙駐澳門總領事館，與仁慈堂同年創立。因屬於教會創辦，又被稱之為「醫人廟」。史籍載曰：「別為『醫人廟』，於澳之東，醫者數人，凡夷之鰥寡孤獨，有疾不能自療者，許就廟醫，其費給自支糧廟。」〔註10〕後因醫院左鄰有一英國洋行，代理白馬牌威士忌酒，門前有白馬廣告異常醒目，故醫院又俗稱白馬行醫院。建築總佔地面積四萬多平方米，主體建築樓高三層，兩側翼突出，巍峨壯觀，前霖寬廣花園，由於不斷加建，平面由原來的對稱發展成不對稱。但總體保持了均衡的趨勢。立面是葡萄牙殖民風格的反映，由細長柱子劃分，柱廊和寬陽臺減輕了整體的呆板，使龐大的體量變得輕盈。整座建築形體開敞輕快，具有亞熱帶建築特色。

澳門利瑪竇學校建於1868年，位於澳門半島燒飛盧街，1582年利瑪竇抵達澳門，積極學習中國文化，憑藉對中國文化的瞭解，他成功地進入中國內地，先後在南京、北京等地傳教，終於打開了天主教向中國傳教的大門。由於利瑪竇與澳門的特殊關係，後來澳門許多機構都以利瑪竇命名。利瑪竇學校採用了殖民地「鄉村」風格，線條簡潔，牆面用黃色粉刷，但布滿了白色的圓形浮雕和花環裝飾。此外，位於澳門士多鳥拜斯大馬路的美高士中葡中學大樓，是澳門現代式建築的典型實例，反映了澳門的地域特色。位於白頭馬路的嶺南中學辦公大樓則體現了澳門折中主義的古典風格。

議事廳廣場，又稱議事廳前地，為澳門城市的心臟。圍繞議事廳前地一帶的樓宇都是在十九世紀末興建的。有多座被評為紀念性建築和具有建築藝術價值的建築物。包括澳門市政廳大樓、郵政局大廈、仁慈堂等。其共同的風格特點是，在立面上大量運用了新古典主義的表現手法，使這一帶的建築物呈現出高貴典雅的外貌。這裡洋溢著南歐情調的噴泉，彩色的葡式石子路，

〔註 8〕參見：《澳門文化雜誌》，1987年，第3期，第28頁。
〔註 9〕清印光任、張汝霖，趙春城點校：《澳門記略》廣東高等教育出版社，1988年版，第63頁。
〔註10〕同上。

加之市政廳作為背景，這裡也被稱之為「流動的南歐風情」。市政廳是一座極富南歐特色的建築物，三角形的窗簷，中央突出的小露臺，愛奧尼式的門柱，以及麻石窗框、粗鐵窗花，都散發著古樸的氣息。門廳高牆上方裝飾有浮雕作品，記錄著一些歷史事件。如兩位天使手捧著葡萄牙國徽，天使頭上的十字架和地球圖形，象徵著皆世紀前葡萄牙人全球性的航海探險活動。

1569 年，澳門首任天主教主教賈尼路創建了澳門第一個慈善機構——仁慈堂及聖辣匝祿醫院。在澳門這個主要從事海上貿易的城市，成年男人經常是每年有六至八個月在海上奔波，容易遭遇海難和海盜。被丟下的孤兒寡母常常衣食無著而窮苦潦倒，只有靠仁慈堂收留和照顧他們。仁慈堂通過募捐和遺產捐贈等方式籌集資金以照顧城裏的居民，在澳門居民中享有極高的聲望。澳門仁慈堂與當時葡國皇后莉娜在葡創辦的聖母慈善會性質相同，故名之。現在的仁慈堂大樓位於市政廳廣場，始建於十八世紀，整幢建築物在十九世紀進行了改建。目前所見的大樓改建於 1905 年，為磚石建築，大樓整體除花崗石柱基外，均粉刷以白色，給人一種安靜、高雅的感覺。

建造於 1929～1931 年的郵政局大樓，是比較典型的西方古典式建築。由華人建築師設計。建築面積為三千平米，主體為三層，並有半地下室，轉角處有塔樓，平面 L 型，室內裝飾有愛奧尼獨立柱。該建築被評為具建築藝術價值的建築物，是澳門運用古典建築語言建造的成功作品之一，其作為優秀歷史文化遺產具有明顯的景觀與地標作用。

澳門金融管理局大樓，原屬耶穌寶血女修院，位於東望洋山白頭馬路三號。1917 年創建時的主人是澳門土生葡萄牙律師劉易斯·施利華。二十世紀三十年代易手歸女修院。1998 年由澳門金融管理局購入，改建為新址。建築造型典雅美觀，屬西方古典建築風格。是這一地區的重要景觀。

澳門海事博物館，面積 800 平方米，樓高三層，具有典型的歐洲式博物館的布局。位於澳門政府船塢及一號皇家橋之間的河畔，是專業性文物展出博物館。展品超過 2,000 件，分多個主題，包括捕魚活動、航海與發現、漁民的生活習俗及文物、捕魚工具、船隻的模型、澳門的燈塔和澳門附近海域的魚產品等。

同樣具有西方古典建築風格的澳門初級法院大樓（原澳門政府合署大廈）。位於南灣大馬路 459 號。建於 1948～1951 年。建築造型嚴謹，規模宏大，具有重要的地標作用。

正如劉托《澳門建築》論曰：「在中國古代封建社會中形成和發展起來的各種城市建築類型，從功能、材料結構、建築造型和施工方法上都是適應封建社會生產和生活的要求以及技術發展水準的，內容和形式都較為單一和雷同。伴隨著西方城市文明的引進，中國經濟社會生活發生了重大的變化」。〔註11〕

8.6 海上之防禦體系，澳門軍事建築

比利時歷史學家亨利·皮雷納在其《中世紀的城市》書中談及軍事建築的防禦與保護時說：「當外敵入侵時，人們必須有避難之處，以便得到暫時的保護。自有人類以來就有了戰爭。有了戰爭幾乎就有了堡壘的構造。人類建造的第一批建築物很可能就是用於保護的圍牆。……無論追溯過去多遠，情況照樣如此。」在明清帝王眼中，海洋是一個詭異且對王朝體制充滿挑戰的世界，因此早在葡人東來之前，廣東沿海一帶就是中華帝國的防衛重點。開埠後，澳門更成為廣州地區海防要地之一。

隨著貿易多帶來的巨額利潤，葡萄牙人必須確保居留地財富的安全，一方面要防禦來自海盜的搶劫，另一方面還要應對新崛起的其他西方列強的威脅，這些因素促使葡萄牙人在澳門半島建造了大量的炮臺和城牆。這些炮臺和城牆組成了這個城市堅固而完善的軍事防禦系統，使當時的澳門城猶如中世紀的一座軍事城堡。

崇禎七年，時任陝西道監察御史的胡平運為廣東深受澳夷之患上疏曰：「澳夷佔據濠鏡，而闌入之路，不特在香山，凡番、南、東、新，皆可揚帆直抵也。其船高大如屋，上有樓棚，疊架番銃，人莫敢近。所到之處，硝黃、刀鐵、子女、玉帛，違禁之物公然搬載，沿海鄉村被其擄奪掠殺者，莫敢誰何？官兵間或追之，每被殺傷，而上司亦莫之敢問。往者番哨不過數隻，今打造至於近百，出入無忌，往來不絕，藐視漢法挾制官司，居然有居防以叛之意矣。往者夷不滿數千，近日報至數萬。」〔註12〕

明清時期香山海盜出沒頻繁，《中華帝國傳教志》稱：「Macau，這是一

〔註11〕劉托：《濠鏡風韻——澳門建築》，文化藝術出版社，2005 年版。第 101 頁。
〔註12〕吳志良等：《澳門編年史》，廣東人民出版社，2009 年版，第 450 頁。

個礁石密佈的小島，非常易於防守，也非常易於成為海寇的巢穴，事實上當時也確實如此。那時眾多的海盜聚集在那裡，騷擾臨近的島嶼。」《澳門紀略》載：「……橫琴二山相連，為大小橫琴，元末海寇王一據之。」橫琴島與澳門鄰近。《天下郡國利病書》載：「廣州地方若東莞、香山等縣，逋逃蠻戶，附居海盜，遇官軍則稱捕魚，遇番賊即同為惡。不時出沒悠忽，不可蹤跡，民苦之」。〔註13〕開埠後，澳門的繁榮更引起海盜的垂涎，為保衛領土安全，居澳民眾曾多次與海盜發生正面戰爭。「去歲，（1568），曾賊（曾一本）悉眾攻之，夷人兵不滿千，而賊皆扶傷遠行，不敢與鬥，其強可知矣。」〔註14〕面對動盪的海上世界，為獲得穩定的貿易環境，澳門建造了大量的軍事基地，用以防禦。名著者如始建於1617年，至1626年建成的「聖保祿炮臺」，亦名大炮臺、中央炮臺。位於今澳門半島中部的大炮臺山頂，高居澳門市中心。1623年，首任澳督意識到炮臺的戰略價值，遂從耶穌會會士手中強奪過來，將其改造成一個更堅固的堡壘，炮臺從此成為澳督官邸。隨著總督權利的增加，炮臺相應成為澳門軍事政治權利的中心。1995年，大炮臺被改造、設計成澳門博物館。炮臺面積約一萬平米，呈四邊形，上面有一個廣場，每邊為一百步，四角各形成尖形的小平臺。在平臺四角以及平臺東西南三邊放置數門大炮，由於北面正對中國內地，當時沒有建立堞牆。平臺南側放著一口銅鐘，應是當年發生戰爭報警之用。大炮臺四周景觀優美，可俯瞰全澳景色。〔註15〕

　　在澳門半島東望洋山頂，有始建於1622年的東望洋山炮臺。東望洋山位於半島東部，且是半島最高的山峰。由於這樣的地理位置，使得東望洋山炮臺的戰略地位十分顯要。它不僅是半島東部的安全保障，同時可俯視全澳，觀察半島內部情況及半島附近海面動向。該炮臺面積約八千六百平方英尺，周圍城牆高六米，只有一門可旋轉而上，炮臺內曾鑿有水井，內設有軍營、火藥庫，以及瞭望所等。炮臺上有聖母雪地殿教堂，建於1626年，是一處小巧的宗教建築。

〔註13〕湯開建：《佛朗機助明剿滅海盜考・澳門開埠初期史研究》，中華書局，1999年版，第105頁。

〔註14〕顧炎武：《天下郡國利病書》，卷189。轉引自湯開建：《佛朗機助明剿滅海盜考》，《澳門開埠初期史研究》，中華書局，1999年版，第113頁。

〔註15〕參見：《澳門建築文化遺產》，第141頁。

1638 年建成的東望洋炮臺
圖片來源：吳志良等：《澳門編年史》

教堂側還建有東望洋燈塔，今日，炮臺的軍事功能已不復存在，而是與教堂、燈塔一起，構成了澳門城市中一道別致的風景。

此外有媽閣炮臺，始建於 1622 年，建成於 1629 年。位於澳門民國大馬路西端。「惟適用槍戰也」。堡中有石池，可儲水三千噸。背後營房，駐兵六十人，一隊長率領之。地坪下有軍械糧食儲藏庫。一圍牆將炮臺與營房聯繫，約距十五步，便是海濱牒壘。布置重炮，「以握守中國廟宇媽閣之通道。」引人注目的是，在炮臺上還設有聖雅各布伯小教堂，供昔日炮臺內的士兵參拜之用。1981 年，該炮臺被改造成聖地牙哥酒店，酒店仍保持炮臺原有的特色，周邊保留城牆，內部保留隧道，遠觀如中世紀歐洲城堡。

約建於十七世紀二十年代的聖方濟各堡壘，又名嘉思欄炮臺。其石牆高二丈，寬二十餘丈。以巨大的麻石砌成。上置大炮十門。《澳門掌故》描述曰：「東灣東角，舊有加斯蘭炮臺一座，爲古時海防重地，常設巨銅炮兩尊，炮彈堆疊如丘。」炮臺位於澳門半島南灣大馬路東端，當初這裡是外洋船隻進出澳門的必經之路。因此，該炮臺成爲了防禦海上進攻的前線。當時其大炮射程可達氹仔，火力覆蓋澳門半島和氹仔兩岸間的全部空間。由於戰略位置顯著，1872 年，葡人在該炮臺下方再建一小炮臺，名臘一炮臺，又名十二月一日炮臺。

乾隆六年，直隸深澤人王植出任香山縣令，任內著《香山險要說》，曰：

地形直淺而橫廣，周一千三百八十丈有奇。按《邑志》，租賃夷人自前明嘉靖間始。今澳地夷人計四百二十三戶，男婦三千四百三十餘名口。漢民賃居澳地者計八百五十四戶，男婦二千五百七十餘名口。民人自編保甲，然亦受夷目約束，宵鐘一動，無敢夜行者。以其形式言之，澳之南於東若

西通海洋，惟北行陸路五里許，有關閘為界。其勢雄踞沙堤，翼以濠牆，橫亙約百許丈，界斷海岸。前明著令，每月中六啓閉，設海防同知、市舶司提舉各一員，盤詰稽查夷人出，漢人入，皆不得擅行。……有日兵頭者，統轄夷人，勢最尊，小西洋國王所授，三年一易者也。其次一曰叛事官，理刑名；一曰理事官，典錢糧……夷人白黑二種，白者產自西洋，性多黠；黑者出他夷國，類由買掠為奴婢，性愚而悍。夷之官若民，皆尊信三巴寺僧。凡男女婚事，僧主之。夷廟八所惟三巴寺特壯麗，居澳中。炮臺六座，亦惟居三巴者形勢高大。東西兩峰皆曰望洋。再西為娘媽角山，山之南為南環，東為加斯蘭廟，各設炮臺，炮大小七十六，內四十六銅柱，鐵者三十。設額兵一百五十名，兵仗火器皆所有，惟不見其環甲執弓而已。內地則有粵海關稅館一所，而無塘汛，獨以關閘為要隘，以前山為防險。要計澳之夷人，不甚多餘漢人，夷之兵不能過於前山關閘之守兵，且夷志在貿易，歷皆安靜，無桀驁事，不足慮也。然無事而為有事之防，則存乎其人，故且易不忘險。〔註16〕

　　澳門西望洋山東南麓的燒灰爐炮臺，在1622年荷蘭人襲澳戰爭中，就已顯示其威力。該炮臺火力覆蓋整個外港，可保護內港入口及內港和外港之間的地區。它是澳門近代防禦體系中的重要組成部份。1846年，葡萄牙人在澳門進行殖民擴張，澳葡為了加強自身防禦，於1849年在望廈山頂修建瞭望廈炮臺。，用於防禦澳門北部，即來自中國內地的軍事威脅。炮臺初建時，採用了十九世紀歐洲炮臺形式，其炮火射程可

1935年重建的西望洋教堂

越過今澳門關閘，是澳門北部的重要陣地。

　　澳門構築防禦體系的主要原因，更是反映了葡人面對海上貿易的種種風險之自覺防禦意識。劉先覺、陳澤成先生在論及澳門防禦系統之觀念時指出，澳門軍事建築的出現與葡人防禦系統、中葡兩國關係以及澳門與海上世界關

〔註16〕王植：《崇德堂稿》，卷2，《香山險要說——覆撫都堂王》。傳引自吳志良等：《澳門編年史》，第2卷926頁。

係密不可分。〔註17〕源於葡人強烈的防禦觀念，葡人悠久的防禦傳統，隨著海外擴張傳到世界各地。由於海上貿易面臨種種風險，故防禦的重要性比本土更爲迫切，並成爲自覺意識。澳門軍事建築的出現亦即源於葡人的這種自覺的防禦意識。

澳門近代曾數次遭受其他海上殖民勢力的進犯，與一般海盜相比，他們人數更多，組織更嚴密，武器更精銳，威脅也更大。十六世紀中葉起，香料和金銀源源不斷流向葡萄牙與西班牙，整個歐洲都在貪婪地注視著葡西兩國的富裕。都渴望打破葡萄牙在東方的霸權和壟斷。十八世紀之後，英國借著工業革命的勝利大舉侵入葡屬亞洲帝國。從十六世紀末開始，西、英、荷艦隊接踵而至，對澳門發起了多次進攻，促使澳門加快了軍事防禦體系的構築。近代後期英國和其他海上殖民勢力成爲明清朝廷主要的防禦對象。

矗立在澳門市區中心的大炮臺，是與歷史同步的博物館。它在整個澳門近代社會生活中也具有中心的意義。它不僅是保護著的象徵，還是緬懷昔日政治軍事權利職能的紀念碑。大炮臺具有軍事防禦價值。它坐落於市中心，擁有天然的制高點，可以遭到外敵攻擊時庇護澳門全體市民。雖然大炮臺最終完工於 1626 年，但在 1622 年荷南人登錄澳門時它已顯示出重要性。此次戰爭最終澳門能以少勝多，大炮臺功不可沒。十七世紀初，總督蒞臨澳門便與澳葡議事會展開權利鬥爭，十九世紀中葉，這場鬥爭隨總督的勝利而逐漸上昇，直至成爲澳門的權利中心。

8.7 葡人自己的氣質，澳門宗教建築

澳門的初期城市組織形式得自於貿易，但隨後的天主教漸漸成爲社會和城區的凝聚力量。明末清初，大量天主教傳教士隨葡萄牙人定居澳門而來到中國，他們以澳門爲傳教基地，活躍於遠東地區，並開創了天主教對中國大規模傳教的歷史階段。澳門的宗教建築類型多、特色鮮明、歷史悠久。其類型包括中國本土的佛教、道教和民間宗教；以及從國外傳來的天主教、基督新教、伊斯蘭教和巴哈伊教等。體現了中西文化交融的特色。正如二十世紀英國著名詩人奧登與《中國十四行詩》所描述：「澳門乃來自信奉天主的歐洲的一蓋秀草，生根繁殖於黃山碧海之間，頑石裏窩藏的是

〔註17〕參見劉先覺、陳澤成主編：《澳門建築文化遺產》，東南大學出版社，2005 年版。第 28～40 頁。

異域的果子，亦葡亦漢，稀奇古怪。」〔註 18〕

澳門宗教對社會之深遠影響主要體現在其一，宗教徒夥。據 1991 年澳門信仰調查表顯示，人口的 61%有宗教信仰。各種宗教組織約 150 個。其二，宗教已成爲澳門文化的重要組成部份。其三，宗教團體設立的慈善機構、學校、醫院在社會影響廣泛。其四，宗教建築昭示出其深厚的文化內蘊及藝術精神。前面三要點已在前文述及，此節將重點討論澳門宗教建築典型的內蘊及外在藝術魅力。

1）澳門天主教堂之藝術手法與傳教理念

澳門大三巴

大三巴牌坊：大三巴牌坊亦名耶穌會聖保祿教堂。在《香山縣志》、《帝京景物略》和《澳門記略》中，皆有如下描述：「寺首『三巴』，在澳東北，依山爲之，高數尋。屋側啓門，制狹長，石作碉鏤，金碧照耀，上如覆幔，旁綺疏瑰麗。所奉曰『天母』，名『瑪利亞』，貌如少女，抱一嬰兒，曰『天主耶穌』。衣非縫製，自頂被體，皆彩飾平劃，障以琉璃，望之如塑。旁貌三十許人，左手執渾天儀，右叉指，若方論說狀，鬚眉竪者如怒，揚者如喜。耳重輪，鼻隆準，目若矚，口若聲。上有樓，藏諸樂器。有定時臺，巨鐘覆其下，立飛仙臺隅，爲擊撞形，以機轉之，按時發響。僧僚百十區，蕃僧充斥其中。」〔註 19〕

聖保祿教堂的設計者是卡爾洛·斯皮諾拉神父，他約於 1600 年底到達澳門，等待前往日本傳教，在這段時間裏，他爲聖保祿教堂做了初步設計。因爲卡爾洛神父是位了不起的數學家，所以被委任爲總會長身邊的「建築顧問」。因爲建築設計師總體把握，不僅要按照羅馬教廷規定的各種原則來建造，而且還要用藝術手法表達耶穌會所追求的「我們自己的氣質」。同時，教

〔註 18〕轉引自吳志良：《澳門編年史》，第 5 卷，第 2574 頁。
〔註 19〕清印光任、張汝霖著，趙春晨點校：《澳門紀略》，廣東高等教育出版社，1988 年版，第 62 頁。

堂選擇了坐北朝南，主祭壇位居北面，主入口設置在南面，與歐洲的教堂迥然不同的設計理念。

歐洲教堂坐東朝西，因為聖地在歐洲的東面，所以聖堂設置在東面，並且進入教堂的信徒，有一個由西向東的「朝聖」過程。聖保祿教堂的這一主張，體現了耶穌會一貫主張的「本土化」傳教策略。正如第一任駐華專使剛恒毅對教會建築的中國化作用明確說道：「建築術對於我們傳教的人不只是美術問題，而是吾人傳教的一種方法，我們既在中國傳教，理應採用中國藝術，才能表現吾人尊重和愛好者廣大民族的文化、智慧的傳統，採用中國藝術也正肯定了天主教的『大公精神』」。〔註20〕教堂內部的裝飾更是錦上添花，它們都是由中國人和流亡澳門的日本人繪製的。監督領導者是耶穌會的喬瓦尼·尼科洛神父，這是一位技藝高超的意大利畫家，他為主祭壇創作了「聖母昇天圖」，為萬聖小禮堂創作「一萬一千聖女殉教圖」，〔註21〕在教堂的側面，還有一座鐘塔，站在塔頂的平臺上，極目遠眺，澳門港灣的美景盡收眼底。

大三巴的疊柱式構圖體現了部份哥特式的特徵，越往上柱子收分越明顯。從底層到頂層柱子越來越矮，柱子直徑越來越小。如底層高約 11m，柱底徑約 85cm，而頂層高中有 5 m，柱底徑約為 45 cm。此外，每一列柱子的最上端都用一個衝出山花輪廓的小尖塔作為結束，強調了垂直方向的連續性，在視覺上產生了挺拔向上的效果。這種手法是十六世紀葡萄牙因襲意大利文藝復興建築後產生的特殊風格：設計是古典式的，但哥特式的處理方式仍然保持了下來。這種風格隨著葡萄牙的海外擴張而帶到了澳門。

大三巴牌坊的石刻，是澳門保存最完好、最完整和最有代表性的西式石雕藝術。教皇十二世曾稱呼宗教藝術為「禮儀最高貴的婢女」。從宗教的立場而言，藝術史服務於宗教的。在教堂前壁上使用一些新的藝術圖形以及中文字等，對於歐洲宗教建築來說很陌生的東西，卻是大三巴中西合璧的鮮明特色所在。大三巴牌坊正門楣上刻著拉丁文「MATER DEI」，意思是「聖母」，表示此教堂崇奉聖母瑪利亞。兩旁的門楣上刻的是拉丁文「IN HACSLUS」的首寫字母 IHS，意謂「耶穌是救世主」。其中的 H 字母裏結合了十字架，表示

〔註20〕剛恒毅著：《中國天主教美術》，臺灣光啓出版社，1968 年版，5～6 頁。
〔註21〕科賽依羅：《澳門耶穌會藝術在中國的發展》，《澳門文化雜誌》中文版，1994年，第 21 期。第 25 頁。

「籍此十字架可以得救」。HIS 也是耶穌會的標誌。〔註22〕

在「全球化」迅速蔓延，趣味與情調逐漸衰減的今天，人們普遍公認，澳門是一座帶有歐洲中世紀浪漫情結的魅力城市。由於耶穌會「本土化」的傳教策略，今天我們才能看到西方元素與東方母題相互銜接，看到葡萄牙、中國和日本語共冶一爐……看到既是東方，也是西方；既是中國，也是世界的聖保祿教堂。

2）多種海外風格的集聚

澳門民政總署的石雕用於建築有兩種情況：一方面，在中式建築中，石雕的裝飾多用於柱礎、欄杆和石獅、門枕石等部位。石雕刀法渾厚，風格拙樸，雕刻的形象較爲寫意。另一方面，在西式建築中，雕刻手法細膩，形象上寫實。同時在西式建築中出現了西洋雕刻內容，如捲曲的山花、壁柱、壁龕等，都是中國傳統所沒有的。此外在市政廳的室內牆上，也可以看到巨幅西式石雕作品，它們是整個牆面的主要裝飾內容。從石雕的使用部位可以看出中西方建築文化的差異性：中國的石雕裝飾產生於實用的基礎，而西方的石雕主要以裝飾爲主。在內容上，中式石雕以表達吉祥如意等主題爲主，而西方石雕則以表達宗教內容爲主。

澳門木雕是以潮汕爲代表的雕飾技法，具有與閩粵沿海地區相似的特點，但更注意雕品的立體性、動植物、人物題材大增，並且多飾紅、黑油漆，喜貼金，刷金、氣氛熱烈。刺激性強。澳門木雕裝飾根據所在部位不同，其內容題材、雕刻技法和裝飾效果有巨大差別。如木雕飾用於建築梁架上的情況僅在蓮峰廟、觀音古廟和普濟禪院等幾座寺廟建築中看到。在其他類型的建築中尚未有發現。其次，木雕使用規模最大與最講究的地方時在廟宇裏德神臺、神龕、香案供桌等直接與拜神有關的構件上。澳門是個泛神論的地方，街頭巷尾到處可見各類大小不一的廟宇：土地廟、哪吒廟、康公廟、包公廟……香火繚繞不息。廟裏的神龕、供桌裝飾隆重，雕刻題材大多以人物故事爲主，構圖濃密，各種技法均有運用。木雕在西式建築中通常只用於大門，其雕刻的方式以幾何化圖案爲主，且凹凸很大，產生強烈的陰影效果。如澳門聖若瑟修院聖堂與玫瑰堂可爲其代表。

還有應用西方古典建築構圖的西方古典式形式建築。在澳門近代公共建

〔註22〕劉先覺、陳澤成主編：《澳門建築文化遺產》，東南大學出版社，2005 年版。
第 102 頁。

築中數量最多。它的造型一般都採用西方古典柱式構圖。同時根據各類建築的特點，往往分別有塔司幹柱式、多立克柱式、愛奧尼柱式、科林新柱式與混合柱式。其中以塔司幹柱與科林新柱式居多。柱子與簷部基本按古典法式的比例進行設計，如民政總署大樓、郵政局大樓，都是較為典型的實例。另有一些古典建築也採用柱廊和卷廊的形式，如荷南大馬路 89 號即為一例。

又如葡萄牙古典式，這是葡萄牙在海外發展形成的建築風格。建築造型基本為古典式，但卻在外牆面上塗有鮮明的色彩，如粉紅色、綠色，表明了與意大利文藝復興時期古典建築的差異，具有葡萄牙殖民的色彩。

澳門歷史建築的細部和裝飾體現了東西方文化的多元共存，就葡萄牙文化而言，它本身就受到歐洲以及基督教文化和伊斯蘭文化的多重影響，它在中世紀深受摩爾文化影響，十六世紀之後，則開始引進意大利的古典模式。十七世紀葡萄牙獨立戰爭勝利之後，葡萄牙又開始另闢快捷方式，向法國、英國建築尋求靈感。十八世紀，葡萄牙建築開始向意大利的巴洛克過渡，到後期則變成法國洛克克的奇形怪狀的曲線裝飾。這些曲線的形狀來源於火焰、海浪、植物和貝殼等。此後，又主要受到英國的影響而被學院派的新古典主義風格代替，一直延續到十九世紀哥特復興。此外，澳門的葡萄牙人大多來自印度果阿或馬來西亞的麻六甲等地，這些地區的文化也融入了葡萄牙文化當中。多種文化的融合成為葡萄牙文化最顯著的特徵。這種特徵伴隨著葡萄牙人的足跡傳到了澳門。澳門的建築文化嚴格地說，是帶有多元建築特徵的葡萄牙文化。

十九世紀中葉，當西方列強的軍艦、火炮轟開了緊閉的中國大門時，西方文化以一種強勢文化出現在中國的土地上，中國的思想界、文化界開始了「中體西用」之辯，「以夷制夷」的構想。建築，亦趨洋求新，爭相模仿西方。這股風氣亦影響到澳門，澳門出現了意識形態上，與文化上的中西合璧建築。

不少富商落葉歸根，回鄉建房。為了顯示氣派，他們大多採用西式風格的外立面，但在內部仍然保持中國傳統的空間布局和室內裝飾，於是產生了形式上的中西合璧建築。尤其是隨著廣州殷商巨賈的流入，促進了澳門中西合璧建築的發展。最典型的是鄭家大屋和高可寧大宅了。高可寧大宅將西式建築與中式花園相結合，中西風格渾然一體，和諧與充滿異國情調。總之，不論是物質上或文化上的中西合璧，所有這些特徵都賦予澳門獨特的城市意象，形成澳門城市的藝術精神。斯賓格勒說過：「將一個城市和一座鄉村區別開來的不是它的範圍和尺度，而是它與生俱來的城市精神。」這種城市精神

使澳門海洋城市文化產生無比藝術魅力與引人入勝的印象。澳門的歷史建築無論對於中國抑或世界都是獨一無二的文化藝術珍奇。

3）直接與上帝溝通之基督新教教堂

　　聖公會馬禮遜堂：馬丁・路德領導的宗教改革運動直接影響基督教新教建築藝術。新教對於教堂建築的認識與天主教截然不同，新教教堂崇尚簡單質樸，有時甚至簡陋。路德認爲「音樂是上帝賜給人類的最美妙的東西之一。」他恢復了音樂在早期基督教時期的光榮地位，即做禮拜的信徒可以參加教堂裏的聖詠。路德以一種微妙的方式影響了十六世紀以後新教國家的藝術。新教在藝術領域裏所做的貢獻是音樂而非繪畫和建築。新教廢除了天主教的彌撒，簡化宗教儀式，一般只承認兩件聖事：聖餐禮和聖洗禮，主張信徒直接與上帝溝通。反對教堂裏的神秘氣氛，反對偶像崇拜。所以教堂內的聖像、聖畫、雕塑和彩色玻璃燈裝飾均被摒棄，並且取消聖堂。教堂建築崇尚簡樸，一般是一個長方形的禮堂，沒有柱廊，空間廣大，可以容納眾多信徒。新教注重以講道的方式來啓迪民眾，強調《聖經》的最高權威。因此講堂被置於顯著地位，面向信徒，縮短牧師和教徒之間的距離。聖餐桌代替祭壇。〔註23〕

馬禮遜墓地及百年紀念碑

〔註23〕劉先覺、陳澤成主編：《澳門建築文化遺產》，東南大學出版社，2005年版。第58、85頁。

澳門的新教教堂遵循上述原則,只是更爲簡單。漸漸地教堂已經不再是一座集會的場所,而成了「教會會所」。總之,澳門的新教教堂不從審美角度考慮,不以藝術方式建造,深刻地體現了新教之教義精神。澳門比較著名的新教會所有聖公會、聖馬可堂、白馬行澳門浸信會、志道堂和宣道堂等。著名的新教教堂是聖公會馬禮遜堂。馬禮遜教堂是澳門最古老的基督教新教教堂,位於白鴿巢前地的基督教墳場內。教堂創建於1821年,建築設計體現了新教節儉和高尙的思想。屋頂採用英國錘式屋架,室內陳設簡單,僅十張長椅和一個樸素的講壇,無祭壇,講壇鄭重的彩色玻璃是聖經與十字架組合的圖案。教堂周圍環境十分優雅,都免是基督教墓地,埋葬來華的新教傳教士,馬禮遜夫婦和長子儒翰‧馬禮遜即葬於此地。墓碑用中英兩種文字鐫刻,記錄他爲新教傳播所做的貢獻。

4)媽閣廟

在澳門人心中,媽祖是比觀音地位更高的神祇。宋以後,伴隨著南方海洋文化的崛起,媽祖信仰亦應運而生。南方人更重商業和海上貿易,媽祖崇拜源於大海,媽祖又被奉爲「海上觀音」。媽閣廟最初稱作「海覺寺」,因三大奇石之一的「海覺石」而得名。《澳門紀略》曰:「海覺石,在娘媽角左,壁立數十尋,有墨書『海覺』二字,字徑逾丈。」(第2頁)媽閣廟盛名遠揚,是旅遊者必經之地。每年農曆三月二十三日天后誕辰,廟前廣場搭棚唱戲,熱鬧非凡。漁民進香獻祭,善男信女求神拜佛,這裏是一處佛道雜糅、神俗共用之地,也是澳門獨特的景觀之一。媽閣廟整座廟宇依山構築,布局錯落,融於自然山水之中。廟中建築包括入口大門、牌坊、正殿、弘仁殿、觀音閣、及正覺禪林,各建於不同時期,至清道光八年,整個媽閣廟才初具規模。海洋是人類財富的來源之一,以海洋爲家的漁民一直信奉著偉大慈悲的女神媽祖,相信她能夠保衛平安,並給他們豐厚的收穫。這個虔誠的信仰維繫著包括澳門在內的中國沿海一帶的文化圈。

5)澳門民間崇奉的眾多神祇

康眞君廟,位於澳門半島的十月初五街,原來這裡是蠔鏡澳北灣海灘。舟楫縱橫,是水陸交通的樞紐,四周樓宇鱗次櫛比、攤販林立熙來攘往,如今附近的街道名稱有:柴船尾、草堆街、新埠頭等。可想見當年之熱鬧。康眞君廟創建於1857年,歷時四年完工。康眞君傳說是北宋末年的康王趙構,當年趙構在金兵的窮追之下,來到江邊,附近廟內的一匹泥馬危急時刻顯靈,

渡康王過河。康真君廟布局類似廣東民居，以院落作為基本組合單位。建築面積 300 平米，長方形平面，中間供奉康真君神像，左右另有配殿，房屋之間的廊道以回紋木卷棚聯繫，所有簷柱均是石柱石礎，以防水、防潮。多處地方採用重疊型石礎，較為華麗。室內色彩以紅、黑、金為主。立面硬山形式，三開間，正脊裝飾華麗繁複，康公廟是澳門設計考究的寺廟代表作。

6）道教神哪吒廟

哪吒廟是中國南部沿海地區民間宗教多元化的體現。哪吒廟與大三巴牌坊毗鄰，依附在古城牆一側。寺廟創建於 1888 年，後經過多次改建與大修，現狀保存完好。與宏偉的大三巴相比，哪吒廟更像一個建築小品。寺廟十分小巧，僅 38 平米，由門廊和正殿組成。門廊為歇山式屋頂，石柱石礎，正脊裝飾豐富。正殿是硬山式屋頂，青磚外牆，磚木結構，綠色的琉璃瓦當和滴水。澳門由於受到西方建築的影響，較早開始使用玻璃。兩座廟宇雖然華洋雜處，大小懸殊，但能和諧相處，是澳門城市文化的一道獨特風景。

8.8 現代社會的轉型，娛樂休閒建築

十六世紀至十八世紀末，中國的園林藝術經由耶穌會士介紹到歐洲各國，得到了歐洲建築師的高度讚賞。英國建築師威廉・錢伯斯在其《東方園藝》書中寫道：「中國人設計園林的藝術確是無以倫比。歐洲人在藝術方面無法和東方燦爛的成就相提並論，只能像對待太陽一樣盡量吸收它的光輝而已。」〔註24〕中國園林藝術是澳門建築中唯一在文化領域影響西方建築的內容。

盧廉若公園是其中最傑出的代表。盧廉若公園位於羅利老馬路十號，1904～1925 年逐步建造而成。是仿蘇州古典園林布局的實例。汪兆鏞《澳門雜詩・竹枝詞》中的《詠娛園》云：「竹石清幽曲徑通，名園不數小玲瓏。荷花風露梅花雪，淺醉時來一依筇。」寥寥數筆，娛園景致凸顯無遺。園中亭臺樓閣，池塘橋榭，修篁飛瀑，曲徑迴廊，分佈有致。園林嫵媚，亦如江南景色，充滿詩情畫意。其竹石之勝，奇峰怪石，崢嶸百態，仿如一片石林；特別是那座數十米高的層疊假石山，小徑迴旋，盈盈流水，堆砌奇巧，分佈於園中各處，在狹窄的空間，營造出多變景觀。那無數柄荷擎，盛放池塘，映天碧翠，紅灩欲滴的景象，令人流連忘返。

〔註24〕參見：《澳門文化雜誌》，1994 年，第 21 期，第 138 頁。

　　這是澳門獨一無二的蘇州式園林。園林總面積約 1h m²，基地大體為長方形地段，主體建築春草堂外觀為西方古典式樣，高約 6m，屋頂為中式綠琉璃瓦簷口，室內裝飾用中式隔扇，廊柱則為西方古典式。春草堂外牆為黃色粉刷，白色裝飾線腳，整體形象是中西合璧式。1973 年政府收購該園後，進行了大修，園林中的建築既有西式廳堂，又有中式亭廊，反映了中西文化交融之特色。湖石假山與水池均仿蘇州園林，植物則就地取材，與江南迥異。這是澳門頗有特色的一處園林。

　　澳門城中那些綠草、噴泉、白鴿的歐式花園，與小橋、荷塘、亭臺的中式庭園，古典主義、立體主義、抽象主義的城市雕塑，也是各具風格地散佈於各處。這種古今中西各種風格的建築、園林、雕塑藝術的紛然雜陳，可以說是「多元、共融」的藝術寫照。

　　峰景酒店（現葡萄牙駐澳門總領事官邸），建於 1870 年，位於澳門半島何賢紳士街 8～10 號。這座建築物在過去的百年間，數易其主，也多次改變用途。1979 年澳門政府將其作為文物建築加以保護，不准隨意改建。峰景酒店是澳門著名酒店之一，酒店範圍內的石壁上有兩個葡文大字：BELA VISTA，意謂美麗的風景。酒店東南兩面均可俯瞰大海，從遠處看石牆上的白色欄杆層層疊疊，具有強烈的構圖效果，連續的圓拱卷和雙心卷組合成的卷廊，具有典型的殖民地卷廊特徵。再配上葡萄牙建築慣用的黃色牆面，白色線角，整個建築非常亮麗。

　　十九世紀中葉，歐洲熱衷於豪華劇院的建造，傚仿法國和意大利的歌劇院是當時的時尚。澳葡也追隨這種時尚，集資修建了崗頂劇院，亦名馬蛟戲院，葡文名為伯多祿五世劇院，建於 1860 年，位於澳門半島崗頂前地。劇院建築造型為希臘古典復興風格。劇院始稱崗頂波樓，是葡人休閒娛樂的場所。1918 年至 1989 年多次重修，1993 年重新開放。一百多年來，崗頂劇院在澳門文化藝術活動中一直充當著重要的角色。尤其在居澳葡人的社會文化生活中佔據著重要的地位，是澳門葡人唯一的劇院，昔日澳葡所有慶典活動皆在此舉行。〔註25〕

8.9 地緣、業緣社會中心，會館建築

　　在缺少政治共同體的社會裏，人們對原生的社會、經濟組織：家族、家庭、部落、村寨、宗教、社會階級的忠誠於對在更大範圍記憶體在的政治制

〔註25〕劉先覺、陳澤成主編：《澳門建築文化遺產》，東南大學出版社，2005 年版。第 174、176、233 頁。

度所具有的公共權威的忠誠似乎兩回事，前者與後者競爭，並且常常勝過後者〔註26〕這樣，以血緣、地緣、業緣等爲基礎組織起來的各種社團遍佈澳門，並且「這些組織形成事實上的足以與鞏固發展中的政治制度分庭抗禮的另一個社會中心。」它們在澳門近代社會中發揮著重要的作用。澳門會館建築代表性的標誌是「三街會館」。三街會館初設時只是商人議事的場所。營地大街、關前街與草堆街爲澳門古老的商業中心，所有商人華賈全部集中在此經營貿易。爲穩定商業秩序，三街商人常聚在一起溝通商情，平抑物價。王文達述及會館所立之背景道：「初時，商人議事場所多選在重要的廟宇中，如媽閣廟、蓮峰廟等。後專設三街會館。會館「前於連峰之西，建一媽閣，於連峰之東建一新廟，雖客商聚會議事有所，然往往苦其遠，而不與會者有之……華人商賈，所以通貨財，平競爭，聯情好而孚眾志者，亦不可無地以會之，此三街會之所由設也。」〔註27〕歷史上，三街會館還曾擔負涉外職能，在鴉片戰爭以後，這一職能進一步加強。據澳門建築文化遺產載，晚清官方勢力在澳門退去後，鑒於華商階層在澳門社會總的重要性，三街會館成爲華人社會的代表與澳葡交涉。同時，澳葡對華人的一切舉動也常與三街會館執事商権，或請其舉派代表，出席相關會議，然後執行。〔註28〕三街會館不僅是商人的行會組織，也幾乎成了澳門的半官方組織：「澳中之建此會館也，……爲夷客商所彙集之地，平爭於斯，公利於斯，聯情而尚義，悉於斯。倘風墜其簷，雨零其桷，鼠穴其墉，前修雖甚殷乎，後之不繼，遊其宇者，能勿惻然？」〔註29〕三街會館初修在乾隆五十七年。《澳門掌故》記曰：「乃經世遠歲增，牆壁傾圮，棟角崩頹，凡客若商，入爾睹斯館者，莫不以風雨飄搖爲憾。爰及澳中董事，高議許相踴躍，樂爲捐資，一時用鳩工人，少變其局而改創之，高其垣墉，廣其座次，約數月而告竣工。」〔註30〕三街會館歷經數次大修，「每修必踵事增華」。三街會館亦稱「關帝廟」，會館中設有關帝神殿及財帛星君殿，以示崇敬。

〔註26〕湯開健：《澳門開埠初期史研究》，《佛朗機助明剿滅海盜考》，中華書局，1999年版，第105頁。

〔註27〕王文達：《澳門掌故》，《重修三街會館碑記》，澳門教育出版社，1999年版，第237頁。

〔註28〕劉先覺：第37頁。

〔註29〕王文達：《澳門掌故》，《重修三街會館碑記》，澳門教育出版社，1999年版，第241頁。

〔註30〕同上。

現代社會發展所帶來的城市的巨大變遷，往往伴隨著城市歷史與精神的缺失，這種缺失使人們在興奮和迷惘之後，尤為珍視和嚮往那些城市文脈尚存的城市，因為它們使你能觸摸到歷史的律動和我們人類自己來去的步履，因為這種文化的沉澱賦予了城市以歷史感和超越時空的審美體驗。澳門便是這樣一個保存著綿綿城市記憶的城市。無論是出於對蘊藏城市記憶的景觀大量消失而產生的無奈和惋惜，或是出於對現代城市化速度的敬畏和迷惘，還是出於對缺乏整體規劃而造成房地產過度投資的抱怨，今日的澳門社會已高度關注城市風格的取向和城市景觀的變化，這種取向和變化將影響澳門的未來。

三、薈萃中西的飲食文化

葡萄牙統治澳門四百多年，在餐飲方面也烙下了深深的印記。澳門美食貫通中西，菜式獨特，彙聚中西南北特色。澳門是不同民族，不同國籍人的聚居地，據說各式飲食店號即有六百家。〔註31〕《澳門手冊》中有飲食業便覽一欄，將其分成「酒樓、酒家、飯店、茶樓、餐廳、咖啡室、粥店、面家」六大類。

在澳門不僅可以領味正宗的葡國菜，還可以品嘗到澳門菜、廣東菜、上海菜、日本菜、韓國菜和泰國菜。尤其是經澳門人改良的「土生葡菜」，更是堪稱一絕。如今澳門菜已經變成最能體現文化包容的美食譜系，成為吸引大批中外遊客的旅遊特色專案。

澳門地道的葡國菜有鴨飯、馬介休和烤沙丁魚。「鴨飯」是限量供應的功夫菜，製作時，把新鮮鴨子醃入味後烤四十五分鐘，骨架拆下來煮高湯，再用高湯煮米飯，最後把燒過的鴨肉埋進飯裏上桌。鴨肉的香味絲絲入飯，是葡國菜中很適合中國人口味的一道。「馬介休」則是葡萄牙餐桌上最常見的主菜，據說它在葡萄牙可以變化出無數種食譜。其實馬介休就是鹹鱈魚，而且越地道的葡萄牙餐廳口味越鹹。澳門餐廳中常見的馬介休菜單有馬介休球、薯絲炒馬介休和燒馬介休等，製作時，必須將從葡萄牙進口的馬介休放在清水中泡三天去鹹，才拿來料理。此外，正宗葡國菜還有清菜湯、紅豆豬手、木糠布甸、燴牛尾、（或牛胸）葡國雞和葡國臘腸等。

專營正宗葡國菜的餐館大多裝飾考究，注重餐館的情調。葡國菜館大都採用葡式裝飾，有的甚至照搬葡萄牙鄉村酒店的格調，顯得粗獷、古樸，充

〔註31〕魏秀堂著：《澳門面面觀》，中國建設出版社，1989年版，第165頁。

滿懷舊色彩。如歷史悠久的位於內港碼頭附近的海灣葡國餐廳，位於崗頂平地的餐廳，建於一八七三年的歌劇院內；建於一八七○年的陸軍俱樂部餐廳，都是很有情調的葡國餐廳，是品味葡國餐與葡國文化的場所。而像葡國餐廳、新口岸葡國餐廳類，則是面向大眾進餐之地，皆常常座無虛席。

澳門各類西式餐廳中最富盛名的是位於葡京賭場內的法國餐廳。這裡有「世紀名廚」之稱的羅布松主理，其精心製作的「白松露菌」和「黑松露菌」，據說是法國飲食中享有尊譽的頂級菜肴。令該餐廳名聲大噪的另一原因，則是酒庫中那上千款的藏酒。步入法國餐廳，首先映入眼簾的是一個 24K 金骨架的，具有恒溫及恒濕設施的玻璃酒櫃，裏面擺放著來自法國、英國、美國、意大利、西班牙、加拿大等國家的各種名酒佳釀，以及多種收藏極品，其中一九四五年出產的法國名酒，一瓶售價六萬元港幣；而一瓶一八四七年生產的法國甜酒，售價竟高達十六萬元港幣。位於葡京大酒店二樓及地下的樂宮餐廳，竟有皇宮之稱，其奢華、高雅不難想見。其他如澳門公寓、金池咖啡屋、沙利文餐廳、愛都酒店餐廳、華生餐廳、佛笑樓餐廳、紅寶石餐廳等，內中所經營者，如非洲辣雞、葡國雞、牛排、燒乳鴿、西施牛、大會湯等，均為歐洲名肴。如此奢華之檔次，顯然與大眾消費無緣。

相形之下，澳門河邊新街一帶的大排檔，如牛雜鋪，則完全是另一番風味。這些大排檔一般臨馬路邊露天而設，且多營業至深夜，不少本地人喜來此消遣。此外，在福隆新街、議事亭前地和新馬路一帶有不少知名的甜品店。那裡常常擠滿了排長隊的人，他們不介意等多久，只為吃上香滑的燉蛋、雙皮燉奶。在糖水店裏，店家們根據不同季節，調製出各種滋潤養生的糖水、馬蹄沙加鮮果、雪耳燉木瓜、核桃露、椰汁杏仁糊、紅豆沙等。

澳門還有不少專賣咖哩美食的面館，撲鼻的咖哩香氣、爽滑的麵條，加上美味的配料，同樣展現著澳門美食文化的魅力。東南亞移民澳門的華僑們常聚居在三盞燈一帶，品嘗地道的東南亞麵食。從飲食的角度品味澳門，也許更能讓人獲得中西文化交融的直接體驗。

澳門「土生葡菜」的煮法和材料兼收並蓄了葡國、印度、馬來西亞及中國粵菜的烹飪技術，對原來的葡國菜加以改良，取長補短，成為了世界上獨一無二的菜式。如咖哩蟹、非洲雞、蒜蓉辣、大蝦這幾道招牌菜。還有在皇都酒店附近二馬路街一帶的泰國菜館，有富貴魚、醃雞腳和炸蝦餅等特色菜，頗能吃出中西合璧與南洋風味的特色。

澳門本地菜肴從傳統的燒雞、蒸魚，到特色的北京填鴨、魚翅湯、燒乳豬，以及蝦餃、燒賣、粉果之類的點心等，亦無不弔人胃口。

酒吧、咖啡室或露天茶座是葡人休閒的另一種選擇。近年來，葡式咖啡室也成為了澳門新興的餐飲場所。較著名的咖啡室集中在板樟堂和南灣馬統街一帶。在這些咖啡室，不但可品嘗到風味獨特的咖啡、茶、酒，還有里斯本式的點心及甜品。如在澳門十分流行的臺灣式茶坊，大多集中於「新橋區」和「新口岸的帝景苑區」。板樟堂街特色的葡式咖啡室，裏面有種類繁多的葡式甜點、糕餅，著名的葡式蛋撻店供應香酥帶脆的葡撻。

種類繁多的酒吧，既有五星級酒店的豪華酒吧，也有大眾化的本地酒吧和音樂酒吧。飲酒之時，客人們往往隨著非洲音樂的節奏翩翩起舞。

四、華洋風俗並存，異族通婚共處的城市品格

清人張甄陶《澳門圖說》曰：「今澳門中乃真夷絕少，有粵人與夷妻私產者，有華人貧乏無奈，衣其衣，操其音，而為偽者。」公元 1637 年，英國人芒迪在日記中寫道：「有人告訴我，全城只有一個葡萄牙出生的女子，他們的妻子都是中國女人，或與葡萄牙人所生的混血兒。」其言辭與報導或有誇張，卻也在一定程度上反映了明清澳門內地移民的中外婚姻結合之普遍性。

順治三年 3 月，澳門居民若奧·阿澤維多神父說：「澳門的虔誠教徒有 643人，而婦女有 4 萬。他建議應推行葡萄牙男人與中國女人通婚政策，他認為葡萄牙男人和中國女人結婚能多子多福。這有這種通婚，才能更加接近，白種人女子最好也能融入東方。因為葡萄牙人越多，葡萄牙國家越安全。」〔註32〕龍思泰《早期澳門史》描述：葡萄牙人「懷念起令人舒坦的社會生活，這種生活不久又因婚姻關係得以加強。馬來人、中國人、日本人和來自其他各地的婦女，成為他們的配偶，他們的子女的母親，而這些子女的後代也許仍然是這一社區的成員，他們的後裔與眾不同，被成為混血兒。」〔註33〕

澳門華人，尤其是內地移民澳門的華人中，有不少從事商貿經營活動，為了在商業貿易中取得主導有利的地位，他們也願意與澳門的外國女子成婚。據《宮中檔雍正朝奏摺》：雍正九年四月，「外洋番客聚居既久，生齒日繁，黨類漸眾，漢番貿易，洋舶往來，每有射利奸行，與洋人熟悉，貪其厚

〔註32〕吳志良等：《澳門編年史》，第 2 卷，第 527 頁。
〔註33〕龍思泰：《早期澳門史》，東方出版社，1977 年版，第 36 頁。

值，或從彼教而私贅成婚，或誘買子女而肆行誆騙。」〔註34〕香山縣之澳門，久為葡人所僦居。清朝設一同知鎮之。「諸番家與澳，而以船販海為業，女工最精，然不肯出嫁人，惟許作贅婿，香山人類能番語，有貪其利者往往入贅焉。」〔註35〕於此亦可窺見澳門內地移民男子涉外婚姻中所具有的商業色彩。

澳門之葡人與奉教之華民，其結婚習俗皆可依其本國教禮儀而行：宣統元年6月17日，葡國諭旨批准執行《澳門華人習俗之條例》，規定：「在婚姻方面凡係奉教華民，其嫁娶遵照教例而行。華人男女結婚，照中國教禮儀而行，悉與本國律例所准奉教人及民律例所准結婚者平等無異。」〔註36〕而內地移民澳門者，「遂致服其邪教，與之婚姻……中間男婦多人，大概皆習其教，並有入贅番婦投身於其家者，積弊相沿已將二百餘載。」〔註37〕據稱「澳門的通事大部分來自本地的中國基督教徒的家庭，這些家庭往往與葡人通婚。」

葡人早期隨著海外擴張而實行的婚姻政策，發展到後來土生人的婚姻格局，最大的政策轉變就是娶新入教的本地女子，以便在澳門增殖忠於葡萄牙的人口。當時一些華人孤兒，私生子，或者混血兒，會按族裔分到中葡兩部。特別是孤女，養育華裔孤兒的目標，是使其在華裔社群裏自力更生和自食其力。有些華裔孤女因應其樣貌和表現，被選進葡裔孤女院接受葡式教育，訓練做葡人妻子，並及時地嫁入或被收養進士生葡人社會。

當今世上，有不少類似澳門的異族混居地或宗教重疊區，都往往成為文化衝突的危險地帶，如耶路撒冷赫然已是流血戰亂的發源地。對比之下，澳門所呈現出的「東西宗教相容，華洋風俗並存，異族通婚共處」的城市品格，便顯得格外難得。這種城市品格在澳門擔當起溝通我國與葡語國家的橋樑作用之際，正煥發出澳門人文傳統的嶄新風采。

五、澳門旅遊業

澳門的旅遊資源離不開中西文化交融的城市面貌、不同風俗包容共存的人文環境以及獨有的博彩娛樂服務。澳門的旅遊業是多元化的，其中博彩業以多元化發展為特色，以娛樂度假及會議旅遊等不同形式招徠了大量的國內外旅客，是旅遊業不可或缺的一環。同時，澳門充分運用本地的博彩旅遊資

〔註34〕《宮中檔雍正朝奏摺》第十八輯，臺灣故宮博物院1979年版，第30頁。
〔註35〕《清朝野史大觀》卷三，上海書店，1981年版，第122頁。
〔註36〕吳志良等主編：《澳門編年史》，第4卷，第2168頁。
〔註37〕《明清時期澳門問題檔案文獻彙編》，（一），人民出版社，1999年版，第226頁。

源，促進文化創意旅遊的發展，通過設計和推廣多樣的主題旅遊路線，開發區域內的聯線旅遊資源。

澳門擁有迷人的南國海島風光，舉世聞名花樣繁多的博彩業和林立的豪華酒家，使投資者矚意和戀棧，如：大三巴牌坊、媽閣廟、離島、賽馬會、觀光塔、金蓮花廣場、澳督府、漁人碼頭、葡京賭場、和記娛樂城、譚公廟、孫中山市政紀念公園、郵政局博物館、九澳七苦聖母小堂、望廈聖方濟各小堂、望德聖母堂、聖若瑟修院、天主教藝術博物館、澳門酒類博物館、菩提園、聖奧斯定堂、融和門、聖彌額爾小堂、聖母雪地殿教堂、龍頭環、南灣人工湖、澳氹大橋、松山、路環聖方濟各小堂、聖雅各布伯小堂、螺絲山公園、石排灣公園、螺絲山公園、澳門半島、澳門歷史城區、澳門文化中心、白鴿巢公園、澳門包公廟、澳門大炮臺、市政廳、澳門賽馬會、永利澳門度假酒店和澳門威尼斯人度假村。

國學大師季羨林在《澳門文化的三棱鏡》中贊曰：「澳門文化不只是人類一份值得珍惜的文化遺產，它必然要在東方的新世紀裏繼續閃爍獨特的光芒。」

據報導，2010 年澳門特別行政區政府旅遊局舉辦的節日盛事即多達四十餘種。其中頗具特色的有：元旦、農曆新年、耶穌聖像出遊、土地誕、清明節、復活節、北帝誕、藝德節、娘媽誕、勞動節、佛誕節、醉龍節、譚公誕、第 21 屆澳門藝術節、花地瑪聖像巡遊、國際博物館節、澳門國際龍舟賽、端午節、哪吒誕、第十屆澳門荷花節、世界女子排球大獎賽、關帝誕、七姐誕、盂蘭節、第 22 屆澳門國際煙花賽匯演、澳門高爾夫球公開賽、世界旅遊日、中秋節、中秋節翌日、國慶日、中華人民共和國國慶翌日、重陽節、第八屆媽祖文化旅遊節、澳門國際格蘭披治小型賽車錦標賽、第 15 屆澳門國際投資展覽會、2010 葡韻嘉年華、第 24 屆澳門國際音樂節、追思節、澳門美食節、第 57 屆澳門格蘭披治大賽車、澳門國際馬拉松、聖母無原罪瞻禮、澳門特別行政區紀念日、冬至和耶誕節。

這些活動在客觀上給文化創意產業的發展提供了廣大受眾，是開拓文化創意產業市場空間的重要舉措。旅遊業在澳門經濟上佔有相當重要的地位。特別是本世紀七十年代以後，澳門更成爲一個以旅遊業帶動經濟的發展模式。它與博彩業一樣，成爲澳門四大經濟支柱之一。〔註38〕二十世紀九十年代以來，澳門旅遊業進入了蓬勃發展的階段，自 1992 年起，旅遊業的收入已經超過出口產

〔註38〕黃啟臣：《澳門通史》，廣東教育出版社，1999 年版，第 579 頁。

值。由於澳門國際機場於 1995 年底啓用，大大推動了澳門旅遊業的發展。1996年，來澳旅客首次突破了 800 萬人大關。1997 年臺灣來澳旅客人次更是增至906740 人。〔註39〕特區政府成立後，旅遊業發展的步伐更爲迅速。

澳門在確定自己的文化身份上，出現了大三巴牌樓和 葡京大酒店這兩種相互對立的文化象徵。大三巴牌樓帶有非常典型的西方宗教意味，而葡京大酒店卻是一座著名的賭城。這兩個文化象徵在靈魂與肉體兩方面，在向上昇華與向世俗復歸方面形成一個強大的張力場，正如有的學著指出，單以大三巴牌樓或葡京大酒店來象徵澳門都不全面，正是這兩個差異性極大的文化闡釋代碼構成了澳門文化中靈與肉的特色。

文化意義上的「澳門學」開始成爲國際性的「顯學」，中西交匯的澳門旅遊文化，具有開放性和國際化，寬容性和多元化，互動性和諧衡化，親和性和平民化，以及商業化、宗教化、娛樂化；動中有靜、靜中有動的博物館化之特點。

澳門文化正如王岳川先生指出，「既是一種具有文化交流考古式意義的『博物館文化』，在其『文化地層分佈』中，分明殘留了眾多中西文化交流時的歷史足跡和歷史記憶，又有知識考古學的價值，從西方傳教士經澳門而入中國的種種歷史遺跡，也能夠由一個側面考察中國現代化的進程，對中國文化的自我更新提出歷史的『洞見』」。〔註40〕

六、列入世界文化遺產的澳門歷史城區

澳門在十九世紀前，已發展成爲中國主要的對外港口，也是亞洲地區重要的國際港口。貿易活動的興盛吸引了世界各地的人前來，一個融合歐、亞、非、美洲人民的「華洋雜居」的國際城市由是誕生。葡萄牙人將這個用城牆圍起的城市命名爲「天主聖名之城」，今天的澳門歷史城區即是其核心部分。

在「彈丸之地」澳門，依然保存有中國最早的一批天主教堂、中國現存最古老且完整的修道院、中國第一座西式劇院、遠東地區第一座燈塔、中國現存最古老的炮臺群……而雜處其間的，則是中國嶺南風格的廟宇、清末院落式大宅和廣東「西關大屋」式民居。一些頗富歷史縱深感的廣場和街道，不著痕跡地將澳門的單個建築連成了一體。

〔註39〕繆鴻基、何大章等：《澳門》第 170 頁；《澳門手冊》，1998 年版，第 152～153頁。

〔註40〕王岳川：《澳門文化與文學精神》，《當代文壇》2004 年 05 期。

　　葡人最早開發的區域呈長條狀，房屋夾道而建，因此澳門俗稱「澳門街」。這條「街道」正當兩個華人村莊的中點，是澳門半島的交通幹線。通過北端的望廈樹，可以獲得來自大陸的生活必需品：利用南端的媽閣村，可以繁榮海上的商業貿易。相當於葡萄牙「正街」的龍嵩街將各個重要建築物串連起來，如有學著描述，其如魚類的脊柱，其兩側與正街的聯繫就像「魚骨」和「魚刺」。龍嵩街是最熱鬧的商業大街，它向北延伸，和花王堂街相連，恰與半島的自然中軸線重合。它貫穿澳門最重要的幾座教堂，成為今天最佳的旅遊線路。街道與建築物之間的「前地」。頗具葡萄牙城市空間特色，它形狀適宜，布置隨意，看似擴大的街道，又是市民休憩的小廣場。長久以來，在一個相對穩定的時間和空間狀態下，澳門半島西南部的葡萄牙人城市與半島東北部的中國人村莊各自獨立發展，生活方式也涇渭分明，因而有人說：「澳門稱『澳門街』，望廈稱『望廈村』」。這種區分是極其有趣的，「街」意味著商業文明和由此產生的城市，「村」意味著農業文明和以此為基礎的村莊，對峙狀態表達了兩個族群之間從思想觀念到行為方式的本質差異。

　　四百多年間，在澳門城區內，來自葡萄牙、西班牙、荷蘭、英國、法國、意大利、美國、日本、瑞典、印度、馬來西亞、菲律賓、朝鮮甚至非洲等不同國家地區的人，帶著不同的文化理念，不同的宗教習俗，在澳門歷史城區內蓋房子、建教堂、修馬路、築炮臺以至闢建墳場，開闢了多姿多態的文化生活。澳門得風氣之先，成為中國境內接觸近代西方文明最早、最重要的地方，與此同時，澳門之文化習俗亦以各多種途徑、方式被介紹、傳播到世界各地。

　　隨著葡人的定居，澳門的建築物，無不顯露出與葡萄牙本土建築的密切關係。事實上，文藝復興後的一些主要建築形式、風格，結合亞洲其他地區不同的建築元素在澳門產生了新的變體，形成獨樹一幟的建築風格。

　　前地的「澳門歷史城區」已於 2005 年 7 月 15 日根據文化遺產遴選標準，被列入《世界文化遺產目錄》。澳門歷史城區保存了澳門四百多年中西文化交流的歷史精髓。它是中國境內現存年代最遠、規模最大、保存最完整、最集中，以西式建築為主、中西式建築互相輝映的歷史城區；是西方宗教文化在中國和遠東地區傳播歷史的見證；更是四百多年來中西文化交流互補、多元共存的結晶。據國家文物局「世界文化遺產——澳門歷史城區」報導，澳門歷史城區主要包括：媽閣廟前地、亞婆井前地、崗頂前地、議事亭前地、大堂前地、板樟堂前地、耶穌會紀念廣場、白鴿巢前地等多個廣場空間，以及

媽閣廟、港務局大樓、鄭家大屋、聖老楞佐教堂、聖若瑟修院及聖堂、崗頂劇院、何東圖書館、聖奧斯定教堂、民政總署大樓、三街會館（關帝廟）仁慈堂大樓、大堂（主教座堂）盧家大屋、玫瑰堂、大三巴牌坊、哪裏吒廟、舊城牆遺址、大炮臺、聖安多尼教堂、東方基金會會址、基督教墳場、東望洋炮臺（含東望洋燈塔及聖母雪地殿聖堂）等二十二處歷史建築及八個廣場。

6.6 澳門民間信俗文化遺產

澳門魚行醉龍節，2006 年被廣東省人民政府列為省級第一批非物質文化遺產代表作名錄。舞醉龍，又稱醉龍舞。農曆四月初八，在澳門既是譚公誕，又是漁業行會的傳統節日浴佛節，或稱澳門漁行團結日。漁業行會為慶祝這一傳統節日，在四月初八，初九兩天全行業休假，舉行風格獨異的舞醉龍、醒獅大會。

「舞醉龍」源自數百年前的廣東省香山縣。據《香山縣志·道光志》載：「四月八日浮屠浴佛，諸神廟雕飾木龍，細民金鼓旗幟，醉舞中衢，以逐疫，曰轉龍。」

每年每逢四月初七的傍晚，澳門從事魚業批發或零售的居民，便彙聚在菜市場，無分彼此，個個席地而坐，圍臺進餐，形成「龍船頭長壽飯」傳統。酒席間，舞動香案上的木龍祈福。四月初八上午，行會先在營地街市三街會館前地舉辦醉龍、醒獅點睛開光典禮。隨後，與會人員出發到各街市及魚欄區進行慶祝。隊伍由醉龍，醒獅領銜，沿途敲鑼打鼓，熱鬧非凡。

澳門鮮魚行傳承了舞醉龍習俗，沿襲著每年四月初八，由全行會共同參與的這一民間傳統節慶活動。活動的主要內容包括：吃龍船頭長壽飯、舞醉龍巡遊和免費派送龍船頭飯，其中舞醉龍、舞醒獅是節日中二項主要表演形式。

經過數代人的傳承與努力，澳門鮮魚行醉龍節慶發展已漸具規模，團隊日漸龐大，成為澳門和諧社會中獨具地方特色的大型傳統節慶活動，亦成為本地區一項彌足珍貴的非物質文化遺產。它傳承了中華民族「龍」的精神，已成為維繫鮮魚行行友團結的人文盛典。

然而，隨著澳門海洋資源受人為及天氣影響，與澳門漁業之萎縮，這一魚行醉龍節慶活動亦日趨困境、瀕臨消亡。若無有效的保護與宏揚，這一文化習俗很有可能成為只是老一輩澳門居民的集體回憶。

附錄一　粵海洋人文藝術情懷

一、嶺南一隅　文人薈萃

　　嶺南位於南疆邊陲的南海之濱，面朝大海，偏於一隅。這塊古稱『南蠻』的邊地，山川靈秀，土地富饒，民情豁達，遠通海外。這裡的自然景物、民俗風情、宗教神話和文化傳統，構成了嶺南文學獨特的神韻與藝術色彩，為嶺南海洋文學提供了新奇、獨特的視域，亦對嶺南作家的性格氣質、審美情趣、思維方式，與作品的內容、題材、風格、表現手法等產生了直接的影響。

　　梁啓超在《中國地理大勢論》中，論及南北書法之別時道：「秀逸搖曳，含蓄瀟灑，南派之所長也。《蘭亭》、《洛神》、《淳化閣帖》等為其代表。蓋雖雕蟲小技，而與其社會之人物風氣，皆一一相肖有如此者，不亦奇哉？……大而經濟、心性、倫理之精，小而金石、刻畫、遊戲之末，幾無一不與地理有密切關係。」〔註1〕這段話對於我們理解嶺南文學的特質不無裨益。他在論及南北文學之差異時說：「逢唐以前，於詩於文於賦，皆南北為家數，長城飲馬，河梁攜手，北人之氣概也；江南草長，洞庭始波，南人之情懷也。散文之長江大河一瀉千里者，北人為憂；駢文之鏤雲刻膳移我情者，南人為憂。蓋文章根於性靈，其受四周社會影響特甚焉。自後世交通益盛，文人墨客，大率足迹走天下，其界亦浸微矣。」〔註2〕

〔註 1〕梁啓超：《中國地理大勢論》，《飲冰室文集之十》，《飲冰室合集》第二冊，中華書局 1989 年版，P86～87。
〔註 2〕同上。

　　嶺南文學的語言符號、形象符號、選擇標準與評判尺度與其文化背景相關連，其文學風格的養育與生成，漸次被打上地域文化的烙印。蘊藉有度，收放紆緩。「流離播越，聞見已多」之北齊顏之推云：「南方水土和柔，其音輕舉切詣，失在浮淺，其辭多鄙語。」〔註3〕嶺南的人文景觀、歷史沿習、時世烙印等，亦無不顯現於嶺南作家作品之中，它作爲對本土文化的藝術表述而存在著，帶有鮮明的嶺南文化印記。

　　縱觀古往今來的嶺南文學：海洋小說、詩歌、戲曲、音樂、美術與書法文化，皆無不凸顯出嶺南「言語異，風習異，性質異」，有「獨立之思，進取之志。」的地域文化特徵。「海上生明月，天涯共此時」〔註4〕，「風波無所苦，還作鯨鵬遊。」〔註5〕呈現出文人高雅閒適散淡的藝術心態，它以雅俗兼具的審美姿態，關注世事，面對人生。

　　古代嶺南自先秦至北宋這一千多年，雖被視爲「蠻荒之地」，是「遷徙、貶謫、流放」的「窮鄉僻壤」，但文學卻因而得福，韓愈被貶到潮州不足一年，其影響卻是頗爲深遠的。這些文學大師遭到流放「煙瘴之地」的處分，在他們的生涯中自是悲劇的一幕，但對嶺南文化的交流和促進，卻是功不可沒。韓愈、蘇軾等，因爲政治的潦倒失意而被放逐嶺南，他們在嶺南創作了大量詩文，其中如韓愈的《海水》、《學諸進士作精衛銜石塡海》。賈島的《寄韓潮州愈》。蘇軾的《浴日亭》、《六月二十日夜渡海》、《儋耳》、《登州海市》、《澄邁驛通潮閣二首》等，爲嶺南文學增添了異彩。在《六月二十日夜渡海》中，蘇軾表達了對「南荒」之地的深情「九死南荒吾不恨，茲遊奇絕冠平生」。唐代張說，亦曾被貶謫到端州（今廣東肇慶）。其詩《入海》，借海洋的茫混狀抒發了內心的郁郁不平：「稱桿入南海，海曠不可臨。茫茫失方面，混混如凝陰。雲山相出沒，天地互浮沉。萬里無涯際，云何測廣深。潮波自盈縮，安得會虛心」。〔註6〕《端州別高六戩》詩中，張說歎曰：「南海風潮壯，西江瘴癘多」。端州位於肇慶，粵西與珠江三角洲彙處。詩人的離別之情與「瘴癘」之憂融合，移情於景，情景交融。

　　唐代詩人盧綸《夜中得循州趙司馬侍郎書因寄回使》：「瘴海寄雙魚，中宵達我居。兩行燈下淚，一紙嶺南書。地說炎蒸極，人稱老病餘，殷勤報賈

〔註3〕魏徵：《隋書·文學傳序》，《隋書》第6冊，中華書局，1973年，第1730頁。
〔註4〕張九齡：《望月懷遠》，《中國古代海洋詩歌選》，海洋出版社2006年版。P25。
〔註5〕韓愈：《海水》。《中國古代海洋詩歌選》，海洋出版社2006年版，P37。
〔註6〕張說：《入海》，《全唐詩》，上海古籍出版社，1986年版。卷86，p34。

傳，莫共酒杯疏。」〔註7〕循州趙司馬侍郎趙縱，大曆中期任戶部侍郎、判度支，掌管國家的錢糧財政，聲勢十分顯赫。建中三年貶循州司馬，循州（今廣東惠州）。盧綸和趙縱都是河東人，交誼很深。循州當時不僅遠離京都，而且被目爲瘴癘之鄉。故寄「雙魚」，（書信）給盧綸。「兩行燈下淚，一紙嶺南書」，激起了詩人感情的波瀾，以至淚下漣漣。「地說炎蒸極，人稱老病餘」，友人的處境、痛苦、絕望，皆暴露無遺。詩人對趙縱的同情是很眞誠的，但卻愛莫能助，只能誠懇地勸他飲酒自娛，好自爲之，不要爲那些無能爲力的事情擾亂內心的平靜。

唐開宗丞相李德裕在宣宗時黨爭失利，故以其詩《謫嶺南道中作》，借貶謫途中所見之嶺南風情物景抒發其憤懣：「嶺水爭分路轉迷，恍榔椰葉暗蠻溪。愁衝毒霧逢蛇草，畏落沙蟲避燕泥。五月畲田收火米，三更津吏報潮雞。不堪腸斷思鄉處，紅槿花中越鳥啼」〔註8〕。初唐被譽爲「嶺南第一人」的詩人張九齡，其時有「當年唐室無雙士，自古南天第一人」之美稱，所作名句《海上生明月，天涯共此時》，膾炙人口，傳誦千古。在李林甫、牛仙客執政後，張九齡曾遭讒貶爲荆州刺史。大約於玄宗開元二十四年，作有《感遇》詩十二首，其中《感遇》之四是一首寓言詩，寄慨遙深。詩以「孤鴻」自喻其晚年的落拓處境。抒發其孤鴻之志。他不思歸返大海，亦不願留連池潢，而欲沒於蒼茫無際的太空之中。詩人假託孤鴻勸告政敵「矯矯珍慕巓，得無金丸懼？」〔註9〕顯現出勁煉質樸的詩風。

與張九齡同樣出生嶺南，同爲韶州人的顯赫重臣余靖，被稱之爲「嶺南第二人」。清代《粵東詩海》將張九齡與余靖譽爲「嶺南二詩宗」。余詩「清峻傲兀」。歐陽修謂余「自小博學強記」。他經史子集，無所不讀，涉獵廣泛，學識淵博。他詳細考察了浙江、江蘇、廣東等地的潮汐變化，寫下了我國歷史上第一篇海洋學論著《海潮圖序》，從海上潮汐的成因，至潮汐運動的規律，均作了科學的論述。他指出，潮之漲落，海非增減，蓋月之所臨，則之往從之。宋史余靖傳稱：「（靖）爲廣州帥十年，不載南海一物，聲望蔚然，皆以清廉稱之」。明宏治年間韶州知府錢鏞，在開平建「風采樓」以紀念余靖。「風采樓」三字，柔韌蒼勁，係嶺南明代哲學家、書法家陳白沙所書。樓上楹聯，概括余靖一生功績：「風采冠一時，立德立功，勳業巍巍，廟食應留茭荻嘴；

〔註7〕《唐詩鑒賞辭典補編》，四川文藝出版社，1990年版，p401～402頁。
〔註8〕李德裕：《謫嶺南道中作》，海洋出版社2006年版。p58。
〔註9〕張九齡：《感遇‧其四》，《中國古代海洋詩歌選》，海洋出版社2006年版，p25。

聲威震南韶，有爲有守，大名鼎鼎，謳歌奚袛曲江頭。」〔註 10〕

　　余靖晚年遊於山幽水秀之境，飽覽風光旖旎之景，多有寄情山水之篇什，如《送海琳遊南海》：「觸目盡塵累，如師眞不群。圓明水中月，去住嶺頭雲。意爲乘風快，名應過海聞。脩然此高迹，世綱慢紛紛。」〔註 11〕

　　宋王安中，官至尙書右丞，晚年被貶流寓嶺南象州數年。王安中擅長作詩和駢文，在當時頗受推崇，後世紀曉嵐稱之爲「南北宋間佳手」。其於被貶潮陽途中的詩作《潮陽道中》，描述了粵東潮陽熬海鹽、割稻穗的盛況；「火輪升處路初分，雷鼓翻潮腳底聞。萬竈晨煙熬白雪，一川秋穗割黃雲」。詩中對韓愈貶潮期間，驅逐爲害之鱷魚的政績倍加讚賞：「嶺茅已遠無深瘴，溪鱷方逃畏舊文」。〔註 12〕

　　嶺南詩派發軔於唐宋，歷時六百餘年而不衰。元末明初，被推爲「嶺南明詩之首」的孫蕡（1337～1393），即曾參與編輯《洪武正韻》。《明史·孫蕡傳》贊其「詩文援筆立就，詞采燦然」，有「不讓唐人」之譽，並被尊爲「嶺南詩派之始」。他與黃佐、趙介、李德、黃哲五詩人創建了嶺南最早的詩社「南園詩社」。

　　號爲「粵中韓愈」的黃佐（1489～1566），《粵東詩海》稱其詩「體貌雄闊，思意深醇。旗鼓振發，郡英竟從。一時詞人，如南園後五先生，皆出其門，粵詩大作」。黃佐一生著述甚豐，計有《論學書》、《樂曲》、《廣東通志》等 260 多卷以及詩文集《泰泉集》60 卷等。朱彝尊評贊：「嶺南詩派，文俗（黃佐諡號）實爲領袖，功不可泯」。〔註 13〕

　　明代中原詩壇沉寂之時，嶺南詩壇卻是一片群星燦爛的景象。嘉靖年間，歐大任、吳旦、梁有譽、黎民表、李時行五人重建南園詩社。他們師從黃佐，風格剛健雄直，注重反映社會現實。清人檀萃評曰：「嶺南稱詩，曲江而後，莫盛於南園；南園前後十先生，而後五先生爲尤盛」。〔註 14〕崇禎年間，又有陳子壯、黎遂球等合稱『南國十二子』。陳遇夫《嶺海詩見序》稱：「有明三百年，吾粵詩最盛，比於中州，殆過之無不及者」。〔註 15〕

〔註 10〕參見《江門日報》第 6397 期，A11 版，2007 年 4 月 6 日。
〔註 11〕引自：《明成化廣州志》卷 30，《從廣東地方志及地方文獻中新發現的全宋詩輯佚 83 首》，其中第 73 首，《嶺南文史》2006 年第 1 期。
〔註 12〕〔宋〕王安中：《潮陽道中》，海洋出版社 2006 年版。P105。
〔註 13〕溫汝能：《粵東詩海·例言》，《粵東詩海》，中山大學出版社 1999 年版，p18。
〔註 14〕引自：金葉：《南風餘韻風雅不絕》，《廣州日報》，2008 年 4 月 20 日。
〔註 15〕引自：《明清時代的珠江文化》，《中國珠江文化史》，廣東教育出版社 2010 年版，第七章。

　　清王士禎《池北偶談》稱：「予嘗語程職方云：君鄉東粵，人才最盛，正以僻在嶺海，不爲中原江左習氣薰染，故尚存古風耳。」〔註16〕僻處嶺海一隅的嶺南海洋文學多表現出山川正氣，地方流韻，格調本色自然的慷慨豪邁。時稱「嶺南三大家」的屈大均、陳恭尹、梁佩蘭即爲此類詩風代表。屈詩慷慨豪邁，陳詩鬱勃沉雄，梁詩勁道剛健。

　　陳恭尹（1631～1700）字元孝，初號半峰，晚號獨漉子，又號羅浮布衣，廣東順德人，其父親陳邦彥是明末抗清殉難的著名「廣東三忠」之一。清順治四年，陳邦彥起兵抗清，兵敗被執，全家遇害，僅得恭尹一人逃脫。自此之後，恭尹懷著滿腔的國仇家恨隱遁江湖，圖謀恢復。其號「獨漉子」，取自古樂府：「獨漉獨漉，水深泥觸……父冤不報，欲活何爲！」有《獨漉堂集》，留下了不少與王煐等人酬唱的作品，詩文各十五卷，詞一卷。

　　屈大均（1630～1696）字翁山，廣東番禺人。少年時受業於曾起莘（天然和尚）和陳邦彥，學問宏博，立志高遠。順治四年陳邦彥起兵抗清，年方十八的屈大均積極參與其事，事敗後從天然和尚削髮爲僧，法名今種，字一靈。以僧人身份爲掩護，奔走四方，聯絡同志，策動反清復明。

　　梁佩蘭（1629～1705）字芝五，號藥亭、柴翁、二楞居士，晚號鬱洲，廣東南海人，少年時亦從學於陳邦彥，攻讀經史百家之學，他聰敏過人，記憶力強，能「日記數千言」。素有才名，潛心治學，一時風雅稱盛。梁佩蘭每有所作，均被人們爭相抄傳。梁詩在當時名氣極大，名公巨卿、達官貴人，都以獲得他的題詠爲榮。早年，他曾與一批粵中詩人在廣州城西結西園白蓮詩社。告假還鄉後，又召集一批詩友，在法性寺重開蘭湖白蓮詩社，由他和屈大均、陳恭尹主持，長期組織詩會，吟詠唱和，交流切磋，扶掖後學。據說客以他事請者，引疾不聽聞；持詩文者，則披衣倒屣，講論不休。此外，梁、屈、陳三人還主持過越臺詩社、東皐詩社、探梅詩社等。《清史列傳》載：「是時嶺海文社數百人，推梁佩蘭執牛耳。」

　　清嘉慶道光年間，詩人輩出，番禺張維屛、香山黃培芳、陽春譚敬昭被稱爲「粵東三子」。張維屛在第一次鴉片戰爭時寫了一批歌頌粵人反帝鬥爭的詩篇，格調高昂，語言質樸，有較高的藝術技巧。清朝劉彬華《玉壺山房詩話》評其詩曰：「氣體則伉爽高華，意致則沉鬱頓挫。」〔註17〕爾後，徐榮、

〔註16〕〔清〕王士禎撰：《池北偶談》中華書局出版社 1982 年版，卷十一，談藝一。
〔註17〕劉彬華：《玉壺山房詩話》，《嶺南群雅》二集，一卷。

譚瑩、陳澧、簡朝亮、潘飛聲、梁鼎芬等，亦多有感傷時事之作。

近代維新運動與民主革命時期，嶺南集結了一批既有思想光彩又不乏創新意識的作家。其中康有爲、梁啓超的詩文，反映了當時的民族危機和人民苦難。梁啓超鼓吹「詩界革命」，倡導「革其精神，非革其形式」、「舊風格含新意境」。辛亥革命時，黃節、胡漢民、廖仲愷、朱執信等的詩作，洋溢著強烈的革命激情。蘇曼殊詩風「清豔明秀」，別具一格，在當時影響甚大。

如果說嶺南詩的特點是慷慨、雄直，那麼其詞作則體現了雅健、清空的特色。南宋崔與之被尊爲「粵詞之祖」，撰有《菊坡集》。其詞豪放雄渾，開創了雅健爲宗的嶺南詞風。

嶺南清代詞作尤爲繁盛。據葉恭綽《全清詞鈔》不完全統計，嶺南詞人有 140 餘家。大大超過宋、明等朝。雍正、乾隆年間，張錦芳撰《逃虛閣詩餘》，黎簡撰《藥煙閣詞鈔》，黃丹書撰《胡桃齋詩餘》，峻爽豪邁，與江左頹靡之風迥異。嘉慶、道光之際，詞家尤夥，如吳榮光、梁信芳、黃位清、梁廷楠、桂文耀等詞人的詞作均傳誦於世。陳澧撰《憶江南館詞》，粹雅清高，備受推崇。張維屏撰《聽松廬詞鈔》，秀雋不凡。譚瑩撰《辛夷花館詞》，激昂豪邁。吳蘭修撰《桐花閣詞鈔》，清空婉約。咸豐年間，被尊爲「粵東三家」的葉衍蘭、沈世良和汪瑔，目睹外敵入侵，朝政腐敗，頗多感傷時事之作。他們分別撰有《秋夢庵詞鈔》，《楞華室詞》和《隨山館詞》等。

近代嶺南重要的詩詞代表爲倡導「詩界革命」的黃遵憲、康有爲、梁啓超、黃節、廖仲愷、蘇曼殊、朱執信等，他們融會貫通中西思想文化，運用詩詞寄託情懷，介入世事。展現了嶺南文學直面人生與參預現實的態姿。同樣，經歷過漫長的磨礪與淘洗後的近代嶺南散文，亦回應著政治文化的豐富與新變，得風氣之先。

中國海洋小說，最早可遡自《山海經》、《列子》、《神異經》、《博物志》、《搜神記》等。如《海內北經》之「陵漁人面手足魚身」。《大荒東經》之「東海之渚者有神，人面鳥身，珥兩黃蛇，踐兩黃蛇，名曰禺䝞」。《列子》「列姑射山在海河洲中，山上有神人焉，吸風飲露，不食五穀。」《神異經》「西海之外，有鵠國焉。男女皆長十寸。爲人自然有禮，好經綸跪拜。其人皆壽三百歲。」上述海洋神話、仙話，表現了人類不自覺的藝術創造力，是後世小說多源共生的重要源頭。

　　嶺南海洋小說流傳較早的主要有明代馮夢龍的《情史‧鬼國母》〔註18〕，與署名「庾嶺勞人」之《蜃樓志》等。前者，敍述了建康巨商揚二郎，數販南海。累資千萬。後遇風暴，沒於海中，與鬼國之奇遇。兩年後，其家人為之招魂，「數年始複本形」之事。《蜃樓志》又名《蜃樓志傳倚》，作者署名「庾嶺勞人」。共 24 回，現存嘉慶九年（1804）刻本。故事描寫了明嘉靖年間，廣州十三行富商蘇萬魁與其子蘇吉士、粵海關監督赫廣大、土匪頭子摩剌、蘇吉士的業師李匠山、義士姚廣武等人之間的矛盾和爭鬥。這是一部諷刺清廷腐朽之作。儘管明朝並未出現粵海關和十三行，僅有廣東市舶司與三十六行，故事卻以粵海關為人物活動背景，具有濃鬱的粵地域色彩。

　　粵近代海洋題材的小說，主要反映西方文明與傳統文化的交融、碰撞，粵民海外、埠外的移徙和經商之道等。黃小配的《廿載繁華夢》，以廣東海關庫書周庸祐從發跡到敗逃的二十年為題材，是一部描寫真人真事之作。王韜的《淞隱漫錄》，反映的是上海開埠之後，粵人赴滬經商的題材。粵民到上海，在清前期就不乏其人。乾隆中周碩勳主修的《潮州府志》曰：「婦女妝束，以航海往來蘇松間，相仿者多」〔註 19〕。隨著清代經濟發展和粵人經商的敏感，在上海開埠之後，粵人意識到它是「南北仕商往來孔道，交易有無之路通，為生可以致富」〔註 20〕。遂熱衷於到上海做買賣，及至十九世紀五、六十年代，滬上粵人激增。《淞隱漫錄》是粵人在滬寄居經商的故事。寫跟隨姑母生活的孤兒薊素秋，其姑母是粵商的妾，粵商安家在上海，經常到漢口買茶，及至「赭寇南下」（指太平軍到江南），粵商又攜帶他們返回廣東。〔註 21〕

　　廣東沿海居民，富有冒險精神，在清代，國內至各省，海外往南洋、美洲，多從事商業和做工，像潮州「舶艚船，則運達各省，雖盜賊、風波不懼也」。〔註 22〕廣東佛山近代著名小說家吳沃堯的《二十年目睹之怪現狀》與《劫餘灰》，即是描寫反美華工禁約條約時期之外勞題材，實際上是華工被「買豬

〔註18〕《情史》一名《情史類略》，又名《情天寶鑒》，為明代馮夢龍選錄歷代筆記小說和其它著作中的有關男女之情的故事編纂成的一部短篇小說集，全書共二十四類，計故事八百七十餘篇。中國廣播電視出版社，2005 年版。
〔註19〕乾隆：《潮州府志》卷 12《風俗》，p131。
〔註20〕光緒：《嘉應州志》卷 23《人物》，中國方志叢書第 117 號 p436。
〔註21〕王韜：《淞隱漫錄》，人民文學出版社 1983 年版，p143。
〔註22〕乾隆：《潮州府志》卷 12《風俗‧術業》，中國方志叢書第 46 號 p133。

仔」運到美國做苦工的悲慘經歷。海運途中，他們遭受到各種非人的待遇。作品批判現實主義的力度較強。同類題材的作品亦如黃小配的《宦海潮》等。

二、蔚藍色的頌歌——粵海洋詩詞、成語、碑文

歷代文學中，大海是一個永恒的主題。關涉海的詩文曲賦不勝枚舉，它主要表達了大海賦予人們的神秘、悲傷、快樂、恐懼……的情感與印象。

如中國古代神話《山海經》中，即不乏神秘的海神：

南海渚中，有神，人面，珥兩青蛇，踐兩赤蛇，曰不廷胡余。——《大荒南經》

東海之渚中有神，人面鳥身，珥兩黃蛇，踐兩黃蛇，名曰句芒。——《大荒東經》

西海渚中，有神人面鳥身，珥兩青蛇，踐兩赤蛇，名曰弇茲。——《大荒西經》

北海渚中，有神，人面鳥身，珥兩青蛇，踐兩赤蛇，名曰禺強。——《大荒北經》

隨著歷史的推移，四海海神的稱謂也有所變更。《太公金匱》云：「東海之神曰勾芒，南海之神曰祝融，西海之神曰蓐收，北海之神曰玄冥」。

歷來關涉海的成語不下數百種，僅以賦予海以情趣、情感內容的成語即如：五湖四海、石沉大海、血海深仇、排山倒海、瞞天過海、情天孽海、天涯海角、苦海無邊、山珍海味、山盟海誓、茫茫苦海、大海撈針、刀山火海、精衛填海、浩如煙海、福如東海、海水不可斗量、海市蜃樓、海內存知己、海闊天空、海枯石爛、海底撈針、放之四海而皆準、八仙過海、滄海一粟、百川歸海、學海無涯等。

碑文作爲傳遞歷史文化信息的一種特殊載體，在中國悠久歷史文化長河中佔據了重要的地位。如從歷史與傳說中走來的媽祖。明永樂十四年御製弘仁普濟天妃宮之碑載：下西洋使者「涉海洋，經浩渺，颶風黑雨，晦冥黯慘，雷電交作，洪濤巨浪，摧山倒嶽。」「乃有神人飄雲之際，隱顯揮霍」「已而煙消霾霽，風浪帖息，海波澄鏡，萬里一碧。」反映了航海人對海神的崇拜和信仰。

宣德六年，鄭和、王景弘等在福建長樂南山寺豎一碑刻，曰《天妃之神靈應記》，也描述了鄭和七下西洋之海上兇險。

　　清乾隆三十九年，爲海神觀音立的「神山觀音堂碑記」，位於澄海市上華鎮冠山村神山觀音堂大殿外右側壁上，碑文高 1.50 米、寬 0.55 米。碑額自右至左楷體橫書「勒石碑記」等文字。

　　建於隋朝開皇年間的南海神廟，已有一千四百多年歷史，關於「南海神」的說法，最早見於韓愈所寫的《南海神廟碑記》，因爲韓愈碑一直立於廟中，南海神爲祝融的說法也在廣泛地流傳開來。南海神自隋唐以後受到特別的推崇，其原因之一，即因韓愈的《南海神廟碑記》。「碑記」明確指出：「南海神祉最貴」，此說成爲南海神考證論據之一。唐憲宗元和十二年和元和十四年，孔子第 38 世孫孔戣曾到廣州祭掃南海神。因仰慕韓愈之文才，便請韓愈著文紀念修葺神廟之事，韓愈欣然寫下了 1000 多字的《南海神廣利王廟碑》，後爲各個時期的封建統治者所引用，且在民間傳播廣泛。其後的著名文人蘇東坡，湯顯祖、陳獻章等遊歷至此，皆爲之題刻，進一步擴大了南海神廟的影響。

　　歷代涉海詩詞中，詩人們往往借海的意象抒發各種感慨：

（一）借海抒發相思、離別、遁世與末路之情

　　如表達女子在愛情波折時的複雜情緒：「有所思，乃在大海南」。抒髮妻子對遠行的丈夫的思念與怨忿：「枯桑知天風，海水知天寒」。〔註 23〕

　　張籍《蠻中》：「銅柱南邊毒草春，行人幾日到金麟。玉環穿耳誰家女，自抱琵琶迎海神。」〔註 24〕描述的是女子抱著琵琶迎海神，爲了祈求遠行的人平安歸來。其詩《送鄭尚書赴廣州》：「聖朝選將持符節，內使宣時百辟聽。海北蠻夷來舞蹈，嶺南封管送圖經。白鷳飛繞迎官舫，紅槿開當宴客亭。此處莫言多瘴癘，天邊看取老人星。」〔註 25〕則表達詩人爲國家強盛、嶺南歸服之激昂意氣。詩人雖知曉嶺南爲瘴癘之地，但仍以達觀之言鼓勵友人。

　　高適《送柴司戶充劉卿判官之嶺外》：「嶺外資雄鎮，朝端寵節旄。月卿臨幕府，星使出詞曹。海對羊城闊，山連象郡高。風霜驅瘴癘，忠信涉波濤……」〔註 26〕以送別詩爲志士增色，爲游子拭淚，顯示了其詩的獨異。他的臨別贈語體貼入微，堅定不移。以樸素無華之語言，鑄造出醇厚動人的詩情。殷璠《河嶽英靈集》稱，高適詩「多胸臆語，兼有氣骨」。

〔註 23〕張伯偉編校：《全唐五代詩格彙考》，江蘇古籍出版社 2002 年版。
〔註 24〕張籍《蠻中》，《張籍詩全集》，《全唐詩》，卷 386，p115。
〔註 25〕張籍：《送鄭尚書赴廣州》，《張籍詩全集》，《全唐詩》，卷 385，p47。
〔註 26〕高適：《送柴司戶充劉卿判官之嶺外》，《高適詩全集》卷 211。

元稹《送嶺南崔侍御》：「我是北人長北望，每嗟南雁更南飛。君今又作嶺南別，南雁北歸君未歸。洞主參承驚豸角，島夷安集慕霜威。黃家賊用鑌刀利，白水郎行旱地稀。蜃吐朝光樓隱隱，鼇吹細浪雨霏霏。毒龍蛻骨轟雷鼓，野象埋牙劇石磯。火布垢塵須火浣，木綿溫軟當綿衣。桄榔面磣檳榔澀，海氣常昏海日微。蛟老變為妖婦女，舶來多賣假珠璣。此中無限相憂事，請為殷勤事事依」。〔註27〕

此首別離之作，詩人想像具體入微，頗能感動激發人意。

又如體現忠臣遭斥逐，寒士心不平之意：「此心曾與木蘭舟，直到天南潮水頭。隔嶺篇章來華嶽，出關書信過瀧流。峰懸驛路殘雲斷，海浸城根老樹秋。一夕瘴煙風卷盡，月明初上浪西樓」。〔註28〕詩首句，賈島即表達了與韓愈不同尋常的交契，流露了對其深情的眷念和神往，表示甘願伴其貶官受苦的深摯的友情。

《酹江月‧和友驛中言別》乃文天祥贈友人鄧剡之作：「乾坤能大，算蛟龍、原不是池中物。風雨牢愁無著處，那更寒蛩四壁。橫槊題詩，登樓作賦，萬事空中雪。江流如此，方來還有英傑。堪笑一葉飄零，重來淮水，正是應涼風新發。鏡裏朱顏都變盡，只有丹心難滅。去去龍沙，向江山回首。青山如髮。故人應念，杜鵑枝上殘月。」〔註29〕南宋傑出的民族英雄文天祥領兵拒元，因叛徒出賣，於宋祥興元年十二月，在五嶺坡（今廣東海豐北）被捕。第二年四月，他被押送燕京。同時被押送的還有他的同鄉好友鄧剡。厓山兵敗後，鄧剡投海未死，不久，與前此被俘的文天祥同舟被押送北上大都。鄧剡途中因病滯留建康。臨別時作《念奴嬌‧驛中言別》詞贈文天祥。文天祥亦借蘇東坡《赤壁懷古》詞韻，酬答之。詩中連用二典：蘇軾《前赤壁賦》詠歎曹操破荊州、下江陵時「釃酒臨江，橫槊賦詩，固一世之雄也」。與漢末王粲被逼處荊州，以《登樓賦》寄託鄉關之思和亂離之感。文天祥以此二典自況，以曹操英勇豪邁的氣概，王粲雄圖難展的苦悶，聯用之，自歎「萬事空中雪」。抒發了自己為挽救國族，歷盡艱辛，而最終失敗的無限慨歎。劉熙載《藝概》曰：文文山詞，有風雨如晦，雞鳴不已之意，不知者以為變聲，其實乃正之變也，故當合其人之境地以觀之。

〔註27〕元稹：《送嶺南崔侍御》，《全唐詩》，卷四一二。

〔註28〕賈島：《寄韓潮州愈》，海洋出版社2006年版，p56。

〔註29〕文天祥：《酹江月‧和友驛中言別》，《文天祥全集》，江西人民出版社出版，1987年版。

被譽為「嶺南第一人」的文壇宗匠、唐開元尚書丞相張九齡，對嶺南詩派的開創起了啓迪作用。其膾炙人口的「海上生明月，天涯共此時」〔註 30〕抒發了作者對遠方友人的深摯思念之情，成爲千古絕唱。

鄺露《浮海》：「玉樹歌殘去淼然，齊州九點入荒煙。孤槎與客曾通漢，長劍懷人更倚天。曉日夜生圓嶠石，古魂春冷蜀山鵑。茫茫東海皆魚鼈，何處堪容魯仲連？」〔註31〕抒發了去國之痛、亡國之憂。《浮海》副標題注曰：「時南都已失」。鄺露，字湛若，號雪海，明末廣東南海人。年十三爲諸生。工諸體書。能詩，精於手書開雕。善琴，喜蓄古器玩，他既是一位傑出文人，又是一位壯烈死節之士。永曆二年，與諸將守廣州，城破，以二琴、寶劍及懷素眞迹等環置左右而死，時年四十七。

黃遵憲的《八月十五日夜太平洋舟中望月作歌》〔註32〕：

光緒十一年八月，黃遵憲由駐美國舊金山總領事任上請假回國，正值舊曆八月十五之夜，輪船航行在茫茫太平洋上。詩人仰望明月，思鄉情濃，一位西方遊客哼起了異國曲調，詩人遂感慨良多：

　　茫茫東海波連天，天邊大月光團圓，送人夜夜照船尾，今夕倍放清光妍。一舟而外無寸地，上者青天下黑水。登程見月四回明，歸舟已歷三千里。大千世界共此月，世人不共中秋節。泰西紀曆二千年，只作尋常數圓缺。舟師捧盤登舵樓，船與天漢同西流。虬髯高歌碧眼醉，異方樂只增人愁。此外同舟下床客，夢中暫免共人役。沉沉千蟻趨黑甜，交臂橫肱睡狼藉。魚龍悄悄夜三更，波平如鏡風無聲。一輪懸空一輪轉，徘徊獨作巡簷行。我隨船去月隨身，月不離我情倍親。汪洋東海不知幾萬里，今夕之夕惟我與爾對影成三人。舉頭西指雲深處，下有人家億萬戶，幾家兒女怨別離？幾處樓臺作歌舞？悲歡離合雖不同，四億萬眾同秋中。豈知赤縣神州地，美洲以西日本東，獨有一客歌孤篷。此客出門今十載，月光漸照鬢毛改。觀日曾到三神山，乘風竟渡大瀛海。舉頭只見故鄉月，月不同時地各別，即今吾家隔海遙相望，彼乍東升此西沒。嗟我身世猶轉蓬，縱遊所至如鑿空，禹迹不到夏時變，我遊所歷殊未窮。九州腳底大球背，天胡置我於此中？

〔註30〕　張九齡：《望月懷鄉》，《中國古代海洋詩歌選》，海洋出版社，2006 年版，p25。
〔註31〕　鄺露纂：《浮海》，《海雪堂嶠雅集》卷二。
〔註32〕　《黃遵憲詩選》：中華書局出版社，2008 年版，第 19 首。

異時汗漫安所抵？搔頭我欲問蒼穹。倚欄不寐心憧憧，月影漸變朝霞紅，朦朧曉日生於東。

此詩寫出了詩人從未經歷的獨特體驗：中秋夜在太平洋上望月。並從中感受到「古今」與「中西」文化之「異」。進而，詩人由這種中西「中秋」夜體驗的差異，更聯想到種族或民族之間的差異：「虬髯高歌碧眼醉，異方樂只增人愁」。他強烈地感受到，當白種人樂興大發地沉醉於自己的民族歌曲時，中國人不僅不能同醉，反倒憑添愁怨。

（二）借大海抒發慷慨之志

曹操的《步出夏門行·觀滄海》一章，「東臨碣石，以觀滄海」，詩人登上碣石山頂，居高臨海，視野寥廓，大海的壯闊景象盡收眼底。宏偉的政治抱負，建功立業的雄心壯志，和對前途充滿信心的樂觀氣度，籍海之意象而「詠志」，抒發了躊躇滿志、叱吒風雲的英雄氣概。

嶺南陳恭尹《崖門謁三忠祠》：「山木蕭蕭風更吹，兩崖波浪至今悲。一聲杜宇啼荒殿，十載愁人拜古祠。海水有門分上下，江山無地限華夷。停舟我亦艱難日，畏向蒼臺讀舊碑。」〔註33〕作者為順德龍山人，與屈大均、梁佩蘭齊名，史稱「嶺南三大家」。詩作通過描述清初嶺南的瘡痍荒涼局面，寄託故國河山之思，抒發感慨悲涼之意。韓愈《海水》：「風波無所苦，還作鯨鵬遊」。〔註34〕展現其欲借大風驚波施展其才力的雄心。蘇軾《儋耳》詩中「垂天雌霓雲端下，快意雄風海上來」。〔註35〕表達了對朝政更變的喜悅與高曠豁達的情懷。其詩「斜陽萬里孤島沒，但見碧海磨青銅」。〔註36〕則因海市的奇觀而欣喜若狂，興奮不已，籍此抒發了對海市的神往與感慨。

文天祥的「山河破碎風飄零，身世浮沉雨打萍……人生自古誰無死，留取丹心照汗青。」〔註37〕。抒發了詩人國家破碎、身世飄零的感歎。元好問的「萬里風濤接瀛海，千年豪傑壯山丘」。〔註38〕他面對浩瀚之海洋，抒發了橫波亭所見之壯景與所思之人傑。張孝祥《念奴嬌·洞庭青草》「……應念嶺海經年，孤光自照，肝膽皆冰雪。短髮蕭騷襟袖冷，穩泛滄浪空闊。盡把西

〔註33〕陳恭尹：《獨漉堂集》，中山大學出版社 1988 年版，P37。
〔註34〕韓愈：《海水》，《中國古代海洋詩歌選》，海洋出版社，2006 年版，P37。
〔註35〕蘇軾：《儋耳》，海洋出版社，2006 年版，P82。
〔註36〕蘇軾：《登州海市》，同上，P83。
〔註37〕文天祥：《過零丁洋》，同上，P132。
〔註38〕元好問：《橫波亭為青口帥賦》，同上，P137。

江，細斟北斗，萬象爲賓客。扣舷獨嘯，不知今夕何夕。」作者被貶嶺海，然其襟懷坦蕩，如同冰雪一樣晶瑩，他以北斗爲酒勺，「細斟北斗」，邀請星辰萬象作爲賓客，一醉銷愁，扣舷獨嘯物我兩忘。這首詞兼具感奮和感傷兩重色彩，但篇末的感傷色彩掩蓋不了全詞的豪邁氣派。

（三）描述海域物候、風情

清人王士禎的《廣州竹枝詞》：「潮來濠畔接江波，魚藻門邊淨綺羅。兩岸畫欄紅照水，疍船爭唱木魚歌。」〔註39〕描述了珠江上，紅船戲水的繁華景象。「海上去應遠，蜑家雲島孤。竹船來掛浦，山市賣魚鬚」。〔註40〕詩歌敘述了南海漁民、海客的海上生涯。「海濱半程沙上路，海風吹起成煙霧。行人合眼不敢覷，一行一步愁亦步。步步沙痕沒芒屨，不是不行行不去。」反映了潮州海岸沙行時的艱難情景。宋李光的《瓊臺》：「玉臺孤聳出塵寰，碧瓦朱甍縹渺間。爽氣遙通天際月，滄波不隔海中山。」〔註41〕展現了瓊臺的高聳美麗，住民與大陸及海外異域的密切往來。反映潮平賈客的商貿活動如：「潮平賈客連檣至，日晚耕牛帶犢還」。〔註42〕以及關於南荒異域通商的記載：「越地生春草，春城瞰渺茫。朔風驚瘴海，霧雨破南荒。巨舶通藩國，孤雲遠帝鄉」。〔註43〕

此外，馬歡的筆記《瀛涯勝覽》、費信的《星槎勝覽》、鞏珍的《西洋番國志》、嚴從簡的《殊域周咨錄》等亦皆描述了海外異域地理、風情、習俗與物產。如：「船來蠻賈衣裳怪，潮上海鮮鱗口紅。不向旗亭時一醉，行人愁殺柳花風」。〔註44〕描述粵吳川習俗如：「吳川望海誰溟溟，萬斛龍驤一羽輕。沙磧煮鹽凝皓月，潮痕遺貝麗繁星。碙州夜露金銀氣，神電晴嵐鸛鶴鳴。玉節南來天北極。安邊歸頌海波平」。〔註45〕

詩歌描寫潮州南澳島之勝境與戰略位置：「渡海登南澳，浮天曉日紅。山形皆向北，水勢自朝東。浪卷晨昏霧，帆懸閩粵風。咽喉成鎖鑰，控制兩相同」。〔註46〕作者渡海登上南澳島，只見煙霧繚繞，紅日高照，海面如同仙境

〔註39〕王士禎：《廣州竹枝詞》，引自光緒《廣州府志》。
〔註40〕張籍：《送海南客歸舊島》，海洋出版社，2006年版，p42。
〔註41〕〔宋〕李光《瓊臺》，海洋出版社，2006年版，P103。
〔註42〕同上。
〔註43〕〔宋〕張俞《廣州》海洋出版社，2006年版，p111。
〔註44〕張肅：《四明寓居即事》，海洋出版社，2006年版，p156。
〔註45〕解縉：《過吳川望海》，同上，p206。
〔註46〕〔清〕吳興祚：《南澳峙立閩粵海中爲兩省海道咽喉》，同上，p300。

般浮於其上，山形走向朝北，潮水東退，晨、昏之時，浪花卷起海霧，閩粵之風漲滿風帆。其以「咽喉」、「鎖鑰」作比，點明南澳島極其重要的戰略位置。

同樣題材，又如楊萬里的《觀海》：「動地驚風起海陬，爲人吹散兩眉愁。身行島北新春後，眼到天南最盡頭。眾水更從何處著，千山至此卻回休。客中供給能省底，萬里煙波一白鷗」。詩歌以風、水、山、鷗等景物，突出了南澳島位於天南最盡頭之獨特的地理位置。屈大均的《採珠詞》描寫了嶺南合浦沿海人採珠、曬珠之境況：「合浦清秋水不波，月中珠蚌曬珠多。光含白露生瓊海，色似明霞接絳河」。〔註47〕

（四）反映海上人生活的艱辛

如「海人無家海裏住，採珠役象爲歲賦。惡波橫天山塞路，未央宮中常滿庫」〔註48〕。這首古題樂府以「海人」爲描寫對象。「海人」亦即潛入海底的勞動者，他們大部分時間浸泡在鹹澀的海水裏。「海人」以采珠爲業，以象爲交通工具，以交納賦稅爲目的。採珠之時，他們常常面臨著風大浪急、波濤蔽日。他們的運珠之途山陡路窄，坎坷難行。而「海人」卻要年復一年地辛苦勞作。未央宮中的滿庫珠寶，都是海人終年辛苦所得。而他們卻窮困潦倒至「無家」的地步。又如梁佩蘭的同類題材，「老夫採珠船作家，船頭見珠船尾耙。晚來珠船泊海角，滿船珠肉共珠殼。安得珠出如往時，老夫採取賣富兒」〔註49〕。

珠江的水上居民。世世代代生活在水上，一家數口以一葉小舟爲棲身之處，飄泊在珠江之上，以捕魚摸蜆爲生，過著水上「游牧」生活。宋代詩人楊萬里寫過一首《蜑戶》：「天公分付水生涯，從小教他踏浪花。煮蟹當糧那識米，緝蕉爲布不須紗。夜來春漲吞沙觜，急遣兒童斬荻芽。自笑平生老行路，銀山堆里正浮家。」末句「銀山堆里正浮家」，正是「蜑戶」們浪裏濤中討生計的真實寫照。「蜑戶」亦即「疍戶」。清屈大均《廣東新語・舟語》：「諸蛋（疍）以艇爲家，是曰蛋家……蛋人善沒水，每持刀槊水中與巨魚鬥」。「明陶宗儀《輟耕錄・烏延戶》：「廣東採珠之人，懸縆於腰，沉入海中，良久得珠，撼其縆，船上人挈出之。葬於蛟龍之腹，比比有焉。」〔註50〕更是其悲慘、痛苦人生的縮

〔註47〕〔清〕屈大均：《採珠詞》，海洋出版社，2006年版，p310。
〔註48〕王建：《海人謠》，海洋出版社，2006年版，p46。
〔註49〕〔清〕梁佩蘭：《採珠歌》，海洋出版社，2006年版，P332。
〔註50〕〔元〕陶宗儀：《南村輟耕錄》，卷十，中華書局，1956年版。

影。清代查慎行亦曾寫過反映珠江水上居民生活的詩：「一生活計水邊多，不唱樵歌唱棹歌。蜑子裏頭長泛宅，珠娘赤腳自淩波。」〔註51〕舊時廣東一帶的水上居民。以船爲家，長期列爲賤籍。不與平民相等。清雍正時始「除賤爲良」，准其上岸居住，與齊民一列。

屈大均曰：「粵東瀕海，其民多居水鄉，十里許，輒有萬家之村，千家之砦。自唐、宋以來，田廬丘墓，子孫世守之勿替，魚鹽蜃蛤之利，藉爲生命」〔註52〕到宋元以後，這些生活在廣州的蜑民兼營渡客、運輸、販鹽、放木筏等，他們有具體的水上職業分工，根據其謀生手段的不同，可分爲魚蜑、蠔蜑、木蜑等。

劉禹錫的《浪淘沙・日照澄洲》：「日照澄洲江霧開，淘金女伴滿江隈。美人首飾侯王印，盡是沙中浪底來」。〔註53〕詩中的後兩句，作者的詩思從江邊秀美的場景宕開，擇取標誌上層社會富貴奢靡功名權勢的首飾與金印來立意，指出權貴們所佔用的黃金，正是勞動者經過千辛萬苦從沙中浪底淘漉而來。揭示了當時不合理的社會現實。這是一首意境深警的喻理小詩。

元稹的《採珠行》眞實地反映了採珠人的悲慘生活，表現了對採珠人的深切同情：「海波無底珠沈海，採珠之人判死採。萬人判死亦得珠，斛量買婢人何在？」〔註54〕

明末詩人盧若騰晚年寓居澎湖，其《哀漁父》一詩，表達了對漁民淒苦生活的同情：「是時正值歲除夜，家家聚首酣酒炙。惟有漁夫去不歸，妻子終宵憂且訏」。〔註55〕清代詩人王錫《哀海賈》，反映了海賈生涯的險惡「吞舟多長鯨，載山有巨鼈。胡爲爭利者，涉險營錢刀」。〔註56〕晚清時期，潮邑詩人陳作舟「海門波浪打城頭，海門城中兒女愁。日邪風定海邊望，遙指歸帆雜片鷗」。〔註57〕描寫了海瀾肆虐時，海門兒女盼望歸舟的急切心情。

（五）反映海上絲綢之路與海洋貿易

兩千多年來，除卻大漠裏那條駝鈴叮噹的絲綢之路外，還有另一條藍色

〔註51〕〔清〕查慎行：《敬業堂詩集》，上海古籍出版社，1986年版。
〔註52〕〔清〕屈大均：《遷海》，《廣東新語》，卷二。
〔註53〕劉禹錫：《浪淘沙九首》，海洋出版社，2006年版，P48。
〔註54〕元稹《採珠行》，《元稹詩集》卷二十三，《全唐詩》卷四一八。
〔註55〕〔明〕盧若騰：《哀漁夫》，海洋出版社，2006年版，P221。
〔註56〕〔清〕王錫：《哀海賈》，同上，P260。
〔註57〕〔清〕陳作舟：《潮陽竹枝詞》，同上，P332。

的海上絲綢之路，即是從廣州開始，滿載中國的文明和驕傲，揚帆遠航。廣東港口最多。以廣州為中心，東起饒平、潮州、澄海、汕頭、汕尾、惠州、東莞、深圳（包括香港）珠海、澳門，西至臺山、陽江、電白、徐聞、雷州、遂溪、湛江，其港口在不同時期都曾經是海上絲路的始發港或中轉港。

海上絲綢之路最早的出發點是廣東西部的徐聞。《元和郡縣圖志》稱：「（嶺南道·雷州）徐聞縣，本漢舊縣也，居合浦郡。其縣與南崖州澄邁縣對岸，相約一百里。漢置左右候官在縣南七里，積貨物於此，備其所求，與交易有利。」〔註58〕徐聞在漢代已是中國重要的進出口貿易港，是經商致富之地，諺稱，「欲拔貧，詣徐聞」。「交趾」為中國自海上通天竺之途經之地，漢楊雄《交州箴》云：「大漢受命，中國兼該。南海之宇，聖武是恢。稍稍受羈，遂臻黃支。牽來其犀，航海三萬。」所指「黃支」，故地在今印度半島馬德拉斯西南。西漢時即有「黃支國獻犀牛」的記載。〔註59〕晉代王叔之的《擬古詩》寫到：「客從北方來，言欲到交趾。遠行無他貨，惟有風皇子。百金我不欲，千金難為市。」可見交趾在當時為中外貿易之要地，百金、千金之貨皆集於此。

漢代楊孚的《臨海水土記》又名《異物志》，即是一部中西歷史文化交流的重要著述。郭棐《粵大記》曰：「楊孚字孝元，南海人，章帝朝舉賢良，對策上第，拜議郎」。又云：「復著《臨海水土記》」。〔註60〕《異物志》，成書於東漢，被認為是現存最早的第一部嶺南學術著作。記有異國之地域、人物、職官類，如儋耳夷、金鄰人、穿胸人、西屠國、狼胭國、甕人、雕題國人、烏滸夷、扶南國、牂牁、黃頭人、朱崖、交趾橘官等。此外還包括：草木類、動物類和礦物類。楊孚《異物志》，志中有贊，均為四言詩體，韻語藻雅，寓意蘊藉，亦被視為廣東詩歌創作之始。屈大均認為，《異物志》亦詩之流也。楊孚身為漢朝議郎，但對嶺南物種作了仔細觀察，無論從博物學、醫藥學、地理學、史學角度來看，都給後人留下了豐厚的遺產。

海洋絲綢之路，與海洋貿易的繁榮，為文學創作提供了新的視域、題材，和豐富的素材。嶺南文化的中心地廣州，二百年前，即為千帆競發的繁華商港。當時，歷經長途航行到達中國的外國商船，絕大部分都在黃埔港登岸，

〔註58〕〔宋〕王象之：《輿地紀勝》引自李吉甫《元和郡縣圖志》闕卷佚文，卷三。
〔註59〕見《漢書·平帝紀》元始「二年春」條。
〔註60〕〔明〕郭棐：《粵大記》，中山大學出版社，1998年版，p667～668。

船上的貨物再從廣州輸送到全國。陶瓷、絲綢、茶葉等中國特產也從這裡流向世界。據《黃埔港史》記載，從 1757 年至 1837 年，也就是廣州作爲「一口通商」外貿口岸的 80 餘年間，停泊在黃埔古港的外國商船計有 5107 艘。廣州，從這裡開始連通世界。從古代海洋詩詞作者的筆下，我們不難感受到這種喧囂和繁華的氣息。

屈大均《廣州竹枝詞》：「廣州城郭天下雄，島夷鱗次居其中。香珠銀錢堆滿市，火布羽緞哆哪絨。碧眼蕃官占樓住，紅毛鬼子經年寓。濠畔街連西角樓，洋貨如山紛雜處。洋船爭出是官商，十字門開向二洋。五絲八絲廣緞好，銀錢堆滿十三行。」〔註61〕

這是最早的關於十三行的文字記錄，起了「以詩證史」的作用。彙聚在當時廣州的財富，「銀錢堆滿十三行」。據《千年國門》記載，道光二年，西關大火，燒毀 15000 餘戶民居、11 家洋行，十三行火燃七晝夜，所存白銀和洋毫統統燒熔，流入水溝，竟結成一條長至 2 里的銀帶，是爲「銀河奇觀」。

韋應物《送馮著受李廣州署爲錄事》：「大海吞東南，橫嶺隔地維。建邦臨日域，溫燠御四時。百國共臻奏，珍奇獻京師。富豪虞興戎，繩墨不易持。」〔註62〕

韓愈《送鄭尚書赴南海》：「番禺軍府盛，欲說暫停杯。蓋海旗幢出，連天觀閣開。衙時龍戶集，上日馬人來。風靜鶂鷗去，官廉蚌蛤回。貨通師子國，樂奏武王臺。事事皆殊異，無嫌屈大才。」〔註63〕詩中形象地展現了一幅：「百國共臻奏，珍奇獻京師」，和「貨通師子國，樂奏武王臺」的壯麗、恢弘的畫面。

《漢書·地理志》載：「處近海，多犀象、珠璣、銀銅、果布之湊，中國往商賈者多取富焉。番禺一都會也。」〔註64〕古番禺即今之廣州，早在秦漢之際，就已經是一座繁榮的國際性海港城市。廣州河網密佈，交通發達。它依仗河流的觸角，將經濟腹地伸到全廣東以至全中國。因此，兩千多年來，作爲海上「絲綢之路」最重要的起點，它一直是最繁忙的貿易吞吐大港。正如清代一位外國人所報導的：中華帝國與西方列國的全部貿易都聚會於廣州。中國各地物產都運來此地，各省的商賈貨棧在此經營著很賺錢的買賣。

〔註61〕 參見：《五千外國商船穿梭古港成就廣州貿易中心地位》，廣州日報，2011 年 02 月 12 日。
〔註62〕 韋應物：《馮著受李廣州署爲錄事》，《韋應物詩全集》，《全唐詩》卷一八九。
〔註63〕 韓愈：《送鄭尚書赴南海》，《韓愈詩全集》，《全唐詩》，卷三四四，p34。
〔註64〕 班固：《漢書·地理志》中華書局，1962 年版，第六冊，卷二十八。

東京、交趾支那，柬埔寨、緬甸、麻六甲或馬來半島、東印度群島、印度各口岸、歐洲各國、南北美各國和太平洋諸島的商貨，也都薈集到此城。這也就為詩人們筆下的盛景提供了真實、豐富的素材。

（六）海神信仰與仙話

如《八仙過海》等。八仙傳說「八仙蹤迹居島蓬，會罷蟠桃過海東。大士不為扶山海，龍王安得就深宮」。[註65] 求仙訪道傳說，如：「石橋東望海連天，徐福東來不得仙。直遣麻姑與搔背，可能留命到桑田」。[註66] 諷刺了秦始皇海上求仙之妄。又如明藍田《觀海行》：「少嶗山人乘桴來，天地島嶼洪濤洄。三山若無又若有，蜃氣海市成樓臺。下有天吳之窟宅，朝餐朱英夕碧水。安期赤松相經過，縹渺千年憶方格。秦人乘車求神仙，方士樓船去不還」。神龍神話「飄蕩貝闕珠宮，群龍驚睡起，馮夷波激。雲氣蒼茫吟嘯處，鼉吼鯨奔天黑。」[註67] 以及海神媽祖神話：「海若東來神鬼泣，尾閭南瀉魚龍逃」。

屈大均《海水》曰，廉州海中，常有浪三口連珠而起，聲若雷轟，名三口浪。相傳舊有九口，馬伏波射減其六。予有《伏波射潮歌》云：「后羿射日落其九，伏波射潮減六口。海水至今不敢驕，三口連珠若雷吼。」[註68]

（七）反映海戰史實

「樓船千艘下天角，兩雄相交爭奪博。……流屍飄血洋水混。昨朝南船滿厓海，今朝只有貝船在。昨夜兩邊桴鼓鳴，今朝船船鼾睡聲。北兵去家八千里，椎牛釃酒人人喜。唯有孤臣兩淚垂，冥冥不敢向人啼。六龍杳靄知何處，大海茫茫隔煙霧。我欲借劍斬佞臣，黃金橫帶為何人」。[註69]

公元1279年2月，南宋殘軍與元軍在新會崖門海域展開了一場歷時20多天的大海戰，雙方投入兵力50餘萬，動用戰船2千餘艘，最終宋軍全體殉國，戰船覆沒，無一人降敵，海上浮屍10萬，並給大宋王朝——這個中國歷史上輝煌而又悲壯的王朝劃上了句號。文天祥因早前已在海豐被俘，正好拘禁在元軍船艦上目睹了宋軍大敗和趙昺蹈海的慘劇，故為之詩悼念。

[註65] 〔明〕吳元泰：《八仙》，海洋出版社，2006年版，p218。
[註66] 李商隱：《海上》，海洋出版社，2006年版，p62。
[註67] 〔宋〕張元幹：《念奴嬌·題徐明叔海月吟笛圖》，同上，P126。
[註68] 屈大均：《海水》，《廣東新語》，卷四。
[註69] 文天祥：《二月六日，海上大戰，國事不濟。孤臣天祥，坐北舟中，向南慟哭，為之詩曰》，海洋出版社，2006年版，p130。

　　描寫鴉片戰爭時期的海戰：「城上旌旗城下盟，怒潮已作落潮生。陰疑陽戰玄黃血，電夾雷攻水火並。鼓角豈真天上降，琛珠合向海王傾。全憑寶氣銷兵氣，此夕蛟宮萬丈明」。〔註70〕反映燒毀鴉片後之喜悅：「春雷焱破零丁穴，笑蜃樓氣盡，無復灰燃。沙角臺高，亂帆收向天邊。〔註71〕」

　　描寫外國侵略者的蠻橫，《由上海至天京受阻折回舟中作》：「船帆如箭鬥狂濤，風力相隨志更豪。海作驅場波列陣，浪翻星月影麾旄。雄驅島嶼飛千里，怒戰貔貅走六鼇。四日凱旋欣奏績，軍聲十萬尚嘈嘈。」〔註72〕1854年義和團幹王洪仁玕（廣東花縣人）由香港到上海，欲從上海直赴天京，但受洋人阻撓，他被迫折回香港，途中船上作此詩。該詩雄渾豪放，氣勢磅礴，表現了太平天國英雄們搏擊風浪的豪情壯志。

　　描寫帝國主義瓜分中國的悲憤，如丘逢甲《鐵漢樓懷古》：「瘴雲飛不到城頭，庵圮樓荒客獨遊。並世已無真鐵漢，群山猶繞古梅州。封章故國向天恨，夢寐中原割地愁。欲倚危欄酹杯酒，程江鳴煙正東流。」「鐵漢樓」，在廣東省梅縣城北門樓上。該詩借懷古以刺世，寫出了作者對帝國主義列強瓜分中國的憂痛之感。

　　反映中日甲午戰爭的題材，如黃遵憲的《哀旅順》：「海水一泓煙九點，壯哉此地實天險。炮臺屹立如虎闞，紅衣大將威望儼。下有窪池列巨艦，晴天雷轟夜閃電。最高峰頭縱遠覽，龍旗百丈迎風飐。長城萬里此為塹，鯨鵬相摩圖一啖。昂頭側睨何眈眈，伸手欲攫終不敢。謂海可填山易憾，萬鬼聚謀無此膽。一朝瓦解成劫灰，聞道敵軍蹈背來」。〔註73〕該詩將旅順軍港寫得生龍活虎，威武雄壯。而末二句一出，悲憤頓時充塞於天地之間。

三、踏浪而歌──粵海洋音樂與舞蹈

　　粵海洋音樂是濱海族群最具特色之原生文化，它是傳遞原住民族情感和文化訊息的一種符號載體。

　　地處南海之濱的嶺南，浮海可與對面環南海周邊的弧形島國作文化交流，進而與各大洋交通。嶺南自然風光婀娜多姿，既有氣勢磅礴的山巒，水網縱橫的平原；也有海天一色的港灣風光，它孕育了多姿多彩而又風格獨特的嶺南藝

〔註70〕魏源：《寰海十章》之一，海洋出版社，2006年版，p350。
〔註71〕林則徐：《高陽臺・和嶰筠前輩》，海洋出版社，2006年版，p351。
〔註72〕引自：《馮亦同：漫談南京歷史上的文學名篇》，《新華日報》，2008年4月30日。
〔註73〕黃遵憲：《哀旅順》海洋出版社，2006年版，P354。

術。就嶺南音樂和戲曲而言，堪稱絢麗多彩，其中包括廣東音樂、潮州鑼鼓樂、客家山歌、壯族民歌，被稱爲「嶺南四大名劇」的粵劇、潮劇、瓊劇和廣東漢劇；獨具風格的粵曲、潮曲、木魚、龍舟、廣東南音；以及正字戲、西秦戲、白字等劇種。具有鮮明海洋文化特色的嶺南音樂亦爲嶺南文化的奇葩。

廣泛流行於廣東中山、番禺、珠海、南海等沿海和河網地帶，漁民操粵方言演唱的一種漁歌，「鹹水歌」，又稱「白話漁歌」、「鹹水歎」、「歎哥兄」和「歎姑妹」，即爲疍民〔註74〕口耳傳唱的民歌。鍾敬文先生認爲，鹹水歌曾流傳於廣東沿海一帶：「亦曰鹹水歎，又名後船歌，是疍民歌謠的一種。其果通行於我國東南海濱全部疍民與否，雖不能斷定，但據我所知，至少我們廣東沿海一帶都在唱著的」。〔註75〕

清人屈翁山的《廣東新語‧詩語》載：「疍人亦喜唱歌，婚夕兩舟相合，男歌勝則牽女衣過舟」。鹹水歌的內容多反映嶺南沿海一帶原住民的生活、情感與習俗等，如反映海邊漁民生活的艱難《食粥挑鹽挨到慣》：

> 食粥挑鹽挨到慣，
>
> 食餐容易搵餐難。
>
> 好天之時日又曬，
>
> 落雨傍仔水瓜棚。

表現青年男女熾熱的戀情《海底珍珠容易搵》：

> 男：海底珍珠容易搵，
>
> 　　真心阿妹世上難尋。
>
> 女：海底珍珠大浪湧，
>
> 　　真心阿哥世上難逢。

這首民歌，生活氣息濃厚，它與沿海疍民採珠的生活習俗密切相關。疍民們世代從事漁業，尤擅長採珠。明代已有沒水採珠法的記載，在《天工開物》中即描有四幅採珠圖，上面就畫出了四種經過改進的採珠方法。明屈大均在《廣東新語》中首次將合浦珍珠稱爲南珠，並寫到「合浦珠名曰南珠，

〔註74〕 疍民，也稱水上居民，是「在廣東、福建、廣西沿海港灣和內河上從事漁業或水上運輸的居民，多以船爲家。舊稱疍民或疍戶」。有海上人家之稱的疍家人又有人稱他們爲海上的「吉普賽人」，世世代代在海上繁衍生息，獨特的環境和生活方式，使疍家人無論在性格、語言、服飾、飲食、居住、婚俗等方面都自成一體，形成了獨特的疍家文化。

〔註75〕 鍾敬文：《中國疍民文學一瞥——鹹水歌》，《鍾敬文民間文學論文集》下，上海文藝出版社 1985 年版，第 292 頁。

其出西洋者曰西珠，出東洋者曰東珠；東珠豆青色白，其光潤不如西珠，西珠又不如南珠」。

鹹水歌一般由上下兩句組成單樂段，或由四個樂句組成複樂段。包括獨唱、對唱等形式，而以對唱爲主，對唱採用男女互答形式。如《海底珍珠容易搵》，這首情歌即景寫情，運用比興和對比的手法傳達對愛情的執著與追求，比喻新鮮、貼切，語言生動活潑。

如「鹹水歌」《對花》：

> 你係釣魚仔定係釣魚郎
> 我問你手執魚絲有幾長
> 幾多丈在海底
> 幾多丈在手上
> 仲有幾多丈在船旁〔註76〕

前者提問，後者作答，多用排比。這種長短句的形式可容納更多的內容。疍家人又被稱之爲海上的「吉普賽人」。他們世世代代在海上繁衍生息。獨特的環境和生活方式，使疍家人無論在性格、語言、服飾、飲食、居住、婚俗等方面都自成一體，形成了獨特的疍家文化。

女子新婚出嫁時，能歌的長輩們這個時候站在新娘的旁邊，教她唱特有的民歌《歎嫁接》，這是新娘出嫁之前必須有的特殊儀式，而且這是鹹水歌的一種。鹹水歌每當唱哭嫁接的當天晚上，左右鄰居，遠近的親戚都來這裡對歌。《歎嫁接》是新娘面臨與父母分離之苦而哭唱的曲調，故謂之「歎」。

再如《月下輕舟泛漁歌》，清新自然的水光山色，委婉動人的古箏伴奏，原汁原味的名家對唱：

> 浪拍海灘銀光四濺，江心明月映照漁船。
> 大姐放紗小妹上線，漁歌對唱水撥琴弦。

鹹水歌的節奏，與水上人家的日常生活密切相關。水上人家生活在飄搖的船上，因而鹹水歌也體現了搖擺或劃槳的節奏特點，是以正規節奏爲主，以八分音符，十六分音符交替使用，又因語言和感情的需要，出現附點音符和切分音，從而使不正規節奏在對置上起著變化，給人以優美，流暢的感受。使人聽著鹹水歌，恍如看見水上千帆相競的壯美圖景。

〔註76〕引自梁建其：《中山坦洲鹹水歌芻議》，收入「香山文化中的民間文化」，載於
　　　　《百年千年──香山文化溯源與解讀》廣東人民出版社，2006年版。

中山鹹水歌目前已被列入首批國家非物質文化遺產名錄。此外，在廣東沿海地區如陽江、電白及香港長洲島、澳門等地也有與「正宗」鹹水歌曲調相近的漁歌。

粵俗好歌，客家人愛唱山歌，尤擅長情歌，在 1990 年梅州山歌節上，七十九歲的山歌大師陳賢英女士即興唱道：「搭船來此鴛鴦亭，鴛鴦亭上會情人，可惜出世太過早，風流留給後生人」。客家婦女這種直白的宣洩情感，與中原儒家傳統文化表達男女情愛含蓄蘊籍的方式大相庭徑。

潮汕由於陸上的封閉，海岸線的漫長，古代其與外面的交通僅依靠海上航運。這種封閉的自然環境，雖然造成了與外界政治、經濟、文化上的隔閡，然而卻成就了古代音樂文化，特別是音響遺傳方面的保護。移民帶來的中原音樂文化便能排除外界的紛擾，在這群山的環抱之中，面對大海，讓那新聲古韻繚繞其間。這一歷史的意願，為今人對中原古樂的研究打開了一扇不可多得的窗口。海洋，賦予了倚山傍海的潮汕人開闊的胸懷與開放的性格，使之善於吸納異域文化的營養與精華。例如，佛典音樂。佛教傳入潮汕以後，廟堂遍立，禮佛成風。特別是潮州的開元寺，更是吸引著眾多香客頂禮膜拜。佛事的興盛，亦促進了潮汕廟堂音樂的發展；如南音中就吸收了佛曲：《南海贊》、《普庵咒》等，並發展成為了潮汕音樂中的獨立品種。被潮劇吸收、改造的潮安禪和腔《南海贊》，既可帶聲樂歌唱，也可用於樂器演奏。其與南曲、梨園戲相近，分別在其類似的樂種中流傳。

歌德曾說過，在音樂中，藝術的尊嚴似乎找到了至高無上的表達方式。沒有任何題材受到輕視。粵海洋歌舞的題材亦然，它與原住民社會融合為一體。其群體性中的歌舞，幾乎涵蓋了歌樂型態上的各種形式，是人類社會演進過程的呈現和重要紀錄。這種符號形式的音樂語言被組合、擴大，並傳遞無窮盡的訊息。

粵人有龍舟競技、舞蹈的習俗。明《天山草堂集》有關於廣東龍舟的記載：

> 粵人習海，競渡角勝，而大舟比常制猶異，十餘年始一舉。船廣可三丈，長五之。龍首至尾，金光奪目，疊彩如層樓。上飾童男女，作仙佛鬼神及古英雄，凡數十事。旋轉舞蹈，冒之以幔，數里外望猶可見。〔註77〕

〔註77〕 曾應楓：《廣州民間藝術系列叢書賽龍奪錦》，摘要，廣東教育出版社，2009 年版。

粵西風光旖旎的東海島，民俗風情獨特、純粹，其中最具濃鬱紅土風情文化特色的民俗藝術——東海島人龍舞，被譽為「東方一絕」。其表演分為：龍頭、龍身、龍尾三部分。龍頭是龍的精髓所在，體現龍的精神。它由一個彪形大漢身負三個小孩組成，分別表示龍角、龍眼、龍舌；龍身是龍的主體部分，用人相繼倒臥分節連接而成，龍身左右翻滾；龍尾上下搖擺，隨著龍頭昂首挺進。「人龍舞」節奏鮮明，鼓點強勁，氣勢雄偉，催人奮進。這一充滿濃鬱的鄉土氣息的「人龍舞」，是雷州半島民間的舞蹈之魂。該舞蹈已被錄入《中國民族民間舞蹈集成》（廣東卷）。

粵西麻章區的「儺舞「表演，則被譽為「中國舞蹈的活化石」。這是一種最古老最生動的民間藝術。舞蹈的表演風格與內容，可分為表現五雷神將和歷史英雄人物。雷神主體貫穿始終。具有濃鬱的原始古巫色彩和生活氣息。「人龍舞「和「儺舞「皆被列入國家級非物質文化遺產項目。

再如中山的醉龍表演，醉龍以酩酊大醉的體態引人入勝，舞者頭腰均紮紅絲帶、老少齊舞，他們踏著雄壯的鼓點，揮舞著手中木龍，造型層出不窮。數名壯漢或擔，或挾著一壇壇水酒，邊走邊飲，激情洋溢。這支融南拳、醉拳、雜要等技藝於一體，「形醉而意不醉，步醉而心不醉」的藝術隊伍，給觀眾以強烈的藝術震撼。

廉江市的「舞鷹雄」，表演具有濃鬱的鄉土氣息。其「鷹」，展翅、合翅、守窩、伸腿、撲食、點水……矯健敏捷。「雄」則出洞、搖頭、擺尾、頭點、噴水、鏟地、撲食……淩厲而兇猛。體現了粵西民間藝術的魅力。「舞鷹雄」現已被列入廣東省非物質文化遺產項目。

「海洋信仰」是最典型的海洋文化。「媽祖」作為慈悲、救世、忘己、利他的象徵，展現了人類大智、大勇、大愛的普世價值。廣東汕尾、南澳等地近年來皆舉行了包括音樂、舞蹈與祭祀的大型的紀念媽祖的文藝活動。

我國古代音樂美學著作《樂記・樂象》云：「樂者，心之動也。聲者，樂之象也。文采節奏，聲之飾也。君子動其本，樂其象，然後治其飾。」海洋音樂與舞蹈是藝術家心與海之碰撞、交融的產物；音樂舞蹈是藝術家以樂音、表演同人的心情交談、表達熱情的藝術，是抒發靈魂的語言，是以音樂與旋律之魔力，它引導人走入靈魂的秘境。

四、海洋印象——粵海洋美術與攝影

嶺南畫派大師關山月在香港中文大學當代中國繪畫研討會上所作的題為

《試論嶺南畫派和中國畫的創新》中說道:「一部中國繪畫史昭告我們,歷史上一切有成就的畫家們,都曾爲探索新的藝術表現和新的藝術道路作出過貢獻」。〔註78〕關山月本人即是在藝術上堅持嶺南畫派的革新主張,追求畫面的時代感和生活氣息。爲探索新的藝術表現和新的藝術道路作出過卓越貢獻的畫家。他先後出版有《關山月畫集》、《關山月、傅抱石東北寫生選》、《關山月作品選》、《井岡山》等畫集。他的畫作題材廣泛、內容深刻、立意高遠、境界恢宏,時代氣息濃厚。是繼「嶺南三傑」高劍父、陳樹人、高奇峰之後,成就卓著的繪畫大師。關山月的山水畫堪爲嶺南現代畫派之冠。其畫中山水,得妙手鬱然出之,不下堂筵,坐窮泉壑,猿聲鳥啼依約在耳,山光水色湟漾奪目。其與傅抱石合作的《江山如此多嬌》,更是意在筆先,咫尺之圖,寫千里之景。東西南北,宛爾目前。

我國山水畫的發展淵於魏晉,隋唐始獨立。如展子虔的設色山水,李思訓的金碧山水,王維的水墨山水;五代、北宋山水畫大興,作者紛起。如荊浩、關全、李成、董源、巨然、范寬等的水墨山水,王希孟、趙伯駒、趙伯驌籔籔的青綠山水,可謂南北競輝。元代山水畫趨向寫意。以虛代實,儶重筆墨神韻,開創新風;明清及近代,續有發展,亦出新貌,如在講究經營位置和傳達意境方面。

郭熙《山水訓》曰:

> 世之篤論,謂山水有可行者,有可望者,有可遊者,有可居者。畫凡至此,皆入妙品……。君子之所以渴慕林泉者,正謂此佳處故也。故畫者當以此意造,而鑒者又當以此意窮之,此之謂不失其本意。

又曰:

> 山以水爲血脈,以草木爲毛髮,以煙雲爲神彩,故山得水而活,得草木而華,得煙雲而秀媚。水以山爲面,以亭榭爲眉目,以漁釣爲精神,故水得山而媚,得亭榭而明快,得漁釣而曠落,此山水之布置也。〔註79〕

窮關山月之山水畫系列,攬括此數者也。他畢生意造之海河圖景皆爲上乘之作,如:1939年創作的《漁民之劫》、《三竈島外所見》、《漁娃》,此三幅作品皆入選前蘇聯主辦的「中國美術展覽」。1943年創作之《黃河冰橋》、《蒙

〔註78〕關山月:《關山月論畫》,河南美術出版社,1991年版。

〔註79〕郭熙:《林泉高致·山水訓》,山東畫報出版社,2010年版。

民遷徙圖》等，咸以「嶺南布衣」署刻之。1957 年關山月由國家委派赴歐洲主持中國近代百年繪畫展覽。這一年他完成了《奧得爾河畔》這部成名之作。59 年 4 月，從歐洲歸來，他與傅抱石合作完成的《江山如此多嬌》，是現代山水畫的經典之作，一直高懸於人民大會堂正廳之上。1978 年，他重訪青海、敦煌，出陽關，遊三峽，歸來時創作了《江峽圖卷》。1980 年，又為軍事博物館創作《風怒松聲卷翠濤》。83 年，關山月到海南島體驗生活，創作了《碧浪湧南天》，該作品獲第六屆全國美展榮譽獎，存於中國美術館。八年之後他重遊灘江，完成了長捲畫作《灘江百里春》。93 年，遊武夷山，歸來後即作《漂遊伴水聲》。次年，到黃河壺口、秦嶺寫生，關山月為國務院紫光閣創作了《輕舟已過萬重山》。95 年 6 月，為全國政協禮堂創作國畫《黃河魂》。98 年 4 月，再次為中南海創作大型國畫《源流頌》。關山月的山水畫筆墨秀潤，充滿海域自然風致，可謂「看山水亦有體，以林泉之心臨之則價高」〔註 80〕。作者以「寬快」、「悅適」的明朗心胸作畫。則物之尖斜偃側，自然列布於心中，不覺見之筆下，審美境界出矣。其筆下之山水畫無不流露出深情的海河之志，煙霞之侶，與嶺南、異域之情。

革命現實主義與浪漫主義的傑作《江山如此多嬌》：

關山月在其半個多世紀的藝術生涯中，秉承嶺南畫派所倡導的「筆墨當隨時代」和「折衷中西、融彙古今」的藝術主張，創作出大量膾炙人口的作品。其中他與傅抱石（1904～1965）合作的巨型國畫《江山如此多嬌》尤為經典傳世之作。此圖創作於新中國成立十週年前夕，作品境界恢弘，氣魄雄健，豪放灑脫，具有強烈的民族風格和時代感。關山月和傅抱石的畫風分別屬於嶺南畫派和金陵畫派。畫面上，關山月細緻柔和的嶺南風格，與傅抱石的奔放、深厚的境界渾為一體，而又各具特色。全卷以全景式構圖，嚴謹細密的筆法，展現出「須晴日，看紅裝素裹，分外妖嬈」的意境，以淋漓的筆墨畫出層層群山遼闊無垠的平原和流貫其間的江河。山舞銀蛇的北國風光、郁郁蔥蔥的江南景色，有機地統一在氣勢磅礴的畫面中。既概括出祖國山河的東西南北，又體現了四季變化的春夏秋冬。畫上有毛主席題寫的「江山如此多嬌」六個獨具風格的十七帖體行草大字。

又如中西合璧的新山水畫之典範《綠色長城》：

《綠色長城》覽物生情，藝術地再現了作者的故鄉南粵海濱陽江的變化：

〔註80〕郭熙：《林泉高致・山水訓》，山東畫報出版社，2010 年版。

明朗的陽光下，南國海岸一片郁郁蔥蔥，海水卷起一層層浪花。沿岸是綠色的防護林，高聳的木麻黃被風吹動成一道道波浪，與海浪互相呼應。《綠色長城》突破了傳統山水畫的平遠和高遠，在透視上吸收了西方繪畫的元素，有光影效果，但同時保留了中國畫的韻味，它不囿於傳統山水畫的構圖，在技法上為了表現現實內容的需要，吸收了油畫技法。將西畫和中國畫傳統結合得很完美，在藝術語言上，則以色彩為宗。《綠色長城》是一幅主題性山水畫。意謂長城可防沙、防風，還可抵禦敵人，是一個綠色的銅牆鐵壁，帶有鮮明的時代特徵。《綠色長城》至今仍懸掛於人民大會堂廣東廳。〔註81〕

現代廣東開平畫家司徒喬早年習作，多以水鄉風物為題材。《擗漢》就是用調色刀代替畫筆，試圖表現南國水天之美的油畫。他愛畫溫柔的江水，也愛畫南梅的萬丈驚濤。當他第一次航海的時候，為了要畫出黛藍色的浪峰和玉潔的泡沫，他把油布釘在甲板上，用皮帶把自己的腰拴在船欄上作畫。他在這幅畫中，用雄健的筆鋒，在尺幅之內歌頌了大海的壯觀。

嶺南學者型書畫藝術家饒宗頤，是當今集學術和藝術於一身的俊才。他的書畫藝術秉承了中國明清以來文人書畫的優秀傳統，充滿「士夫氣」。他的山水畫寫生和人物白描，獨具一格；國畫題材廣涉山水、人物、花鳥，有傳統流派的摹仿。書法方面，饒先生植根於古文字，而行草書則融入明末各家豪縱韻趣，隸書兼採殼口、汀洲、冬心、完白之長，自成一格，真草隸篆，從大幅中堂、屏條、對聯到方寸空間小品，風格多樣，而沁人心扉的書卷洋溢於每件作品之中，是名副其實的文人書畫。其重要的書法代表作品有：猛志逸四海、山高水長、有容乃大等。其他還有「洞庭君山一角」、「大峽谷南麓入口處」「水殿風來暗香滿」、潮州風景「鱷渡秋風」、「韓江春曉」、「鳳臺煙雨」等。

創作拉近了大眾和海洋的距離。海洋藝術家們將其創作當成是一種使命，他們透過作品引領大眾對海洋的興趣，使之親近海洋，並通過藝術這座橋梁，去感受海洋。嶺南海洋攝影藝術的主題主要包括海洋的自然形態，海洋的社會面貌，海洋經濟，以及人與海洋的互動諸方面。

在嶺南海洋藝術家鄭孫堤筆下，有展現人與大海情懷之作品《海之戀》，與畫集裏的《水上人家》、《春潮》等。作者用其畫筆深情而執著的描繪大海、漁舟、帆影、紅土地……，有著漫長的海岸線的汕尾，沿海漁港鑲嵌在銀色

〔註81〕 參見：《湛江晚報》2006 年 11 月 30 日。

的大海裏。那是畫家鄭孫堤生活了 50 多年的故鄉，他的足迹遍佈這裡的鄉村僻野、海島漁家。因之被當地漁民親切地稱爲「大海的兒子，自己的畫家」。生活在「日觀辰浪，夜聞濤聲，朝踏礁灘，夕賞千帆」的廣東汕尾漁村，鄭孫堤畫作裏滲透著一股濃濃的大海的韻味，這是其人格化了的鄉土情懷在靈動的畫筆下之傾注。九十年代以來，鄭孫堤完成了以海、帆、礁、浪、灘、網、漁女爲素材的系列作品，畫中體現了自然美的回歸，蘊涵著多彩的夢想：其《海韻圖》重在表達大海雄闊的態勢，激越不息的動感，人與大自然的哲理盡在其中。此畫盡得水墨的氤氳河流，濃鬱淳厚之美。《滄海激蕩曠遠觀》，既發揮了傳統的水墨效果，又吸取西洋畫光與素描的關係，以及現代派的技法，把海浪的勢、量、質渲染得淋漓盡致。作品《博》排浪拍天，擊石無阻，表達出勇往直前的氣概。《海納百川》則展示了山川與海洋的交相輝映，千岩萬壑終歸大海之題旨。

陽江馬文榮的《碧海流金》，金色的沙灘、湛藍的海水、下海的漁船，展現了一幅溫馨、浪漫的畫圖，激勵起人們熱愛與保護海洋的意識。他的其他海洋作品「千舸競發」、組照「空中看開漁」、「水天一色」、「角灣帆影」、「濤聲天上來」和「鴛湖夜色」，皆以其藝術表現的生動眞切感人。

嶺東揭西生活的長期積累，是畫家蔡雪芹漁家系列題材的靈感和源泉。他的魚情系列：《海底萌春》、《碧海遊鱗》、《南海深處》等作品，描畫了形態妙趣的各種魚類。《硝煙‧女兵‧英魂》、《海風》、《金色之夢》、《在水一方》、《海之子》則塑造了漁家女兒之形象系列。作品充溢著強烈的生活氣息，與獨特的藝術魅力。

又如散發著濃鬱粵海洋氣息的嶺東海洋攝影優秀之作：林清云「海的樂章」、「礁石海岸」、「與浪共舞」；葉煥泉「迎風出海「、「黃金海岸」；劉芳「趕海歸來」、「淘海歸來「；關威「百舸待發」、漫步金沙灘；雪濤東島風光（組圖），湖光船影，；陳其深大澳漁風、海島漁村；張志鋒魚王夕照、漠江晚霞；梁文棟天然良港——閘坡、漁歌飛揚、慶開漁；關勇軍港灣雄風、夏日海濱，黃金海灘；陳秋玉奇特地貌，曾岳鴛水飛箏、漁港晨曦；程純陽月明風輕，陳偉明曬海帶、海灘韻律；林獲曬網、補網；胡通驚濤駭浪，胡定金搏浪飛舟，易榮猷闖海，陳建華與浪共舞，陳朝敬海韻，趙勇進闖海人，成功獵海人……。

以上內容無不展現出色彩斑斕的海域風情：在藝術家們的筆下，大海是生命的泉源，大海豐富的海洋資源，是人們賴以生存的場域。在這個烘託人

類活動的背景下，開啓了一條文化經濟交流的通道。象徵著人類精神的「船」和人生征途的「風浪」，它是歷史史詩與歷史繪畫的結合，具有崇高的意蘊。其中暴風驟雨意象，則頗具毀滅和勵志的蘊涵。

五、海域傳奇──粤海洋小說與傳說

西方的海洋文學極爲發達，從早期荷馬史詩《奧德賽》，到梅爾維爾的《白鯨記》，海明威的《老人與海》，以及瑞秋・卡森的海洋三部曲：《海風下》、《海之濱》、《周遭之海》。這些作品展現出了海的神秘與無窮的魅力，闡述了海洋與人類的關係，令人深深著迷與感動。中國古代海洋小說雖然沒有出現過如此宏偉的巨著，比之於西洋神話，《山海經》的古神話，顯得零碎、簡陋，並非琳琅瑰奇的篇章，但仔細探究，仍不失爲一塊一塊的璞玉美石。

中國海洋文學可溯源至 2000 年前的先秦古籍《山海經》。它蘊含著海洋文學的母題原型，是中國古代海洋小說敘事之祖。《山海經》是一部以神話爲主體，包羅宏富的多學科古籍，其中關於海外奇山、怪物異人的記載尤爲精彩。如《海經》所載的一些奇國異族：羽民國、厭火國、不死民、反舌國、三首國、長臂國、三身國、奇肱國、巫咸國、女子國、軒轅國、長股國、一目國、大人國、君子國、無腸國、黑齒國、玄股國等。此類傳奇雖屬子虛烏有，但卻頗具文獻與文學價值。

《山海經》所述的奇國異族之事亦多載遠古時代海洋漁民生存及漁業活動的情景，《海外南經》曰：「長臂國在其東，捕魚水中，兩手各操一魚」。「讙頭國」：「在其南，其爲人，人面有翼，鳥喙，方捕魚」。「長股國」：「常背負長臂國的人入海，以捕魚爲生」。「大人國」；「亦善操舟楫，能「坐而削舟」。《大荒東經》：「東海之渚中……有國日玄股，黍食，使四鳥」，「衣魚食鷗」。上述內容的描寫既有文學的荒誕成份，也不悖科學的合理因素，反映了海洋文化的包容與前瞻性。

又如關於「海外仙山」之神話，《海內北經》曰：「蓬萊山在海中，有仙人，宮室皆以金玉爲之，鳥獸盡白，望之如雲，在渤海中也。」《東山經》曰：「剡山有獸焉，名曰合窳，見則天下大水，其上有水焉，甚寒而清，帝臺之漿水也。」。

中國古代海洋文學對海洋神話母題的圍繞與衍行，是海洋文學創作的一大特徵。生動絢麗、豐富多彩的古代海洋神話，在古代其他各類古籍中亦不

鮮見，諸如《博物志》、《淮南子》、《十洲記》、《述異記》、《抱朴子》、《逸士傳》、《異苑》、《異物志》、《吳越春秋》、《詩經》、《楚辭》、《左傳》《史記》，以及諸子寓言等。

《淮南子》傳女媧補天神話：「往古之時，九州裂，水浩漾而不息，於是女媧積蘆灰以止淫水」。〔註82〕《搜神記》記因水飲而非交合即有娠之神話：「漢末，零陵太守有女，悅門下書佐，使婢取盥手水飲之而有娠，既而生子，至能行，太守抱兒，使求其父，兒直上書佐膝，書佐推之，兒仆地為水」。〔註83〕

《博物志》關於客星犯牛斗之神話：「舊說，天河與海通，近世有居海渚者，年年八月，有浮槎來過，甚大，往反不失期，此人乃多齎糧，乘槎去，忽忽不覺晝夜，奄至一處，有城郭屋舍，望室中，多見織婦，見一丈夫，牽牛渚次飲之，此人問此為何處，答曰：問嚴君平，此人還，問君平，君平曰：某年某月，有客星犯牛斗，即此人乎」。〔註84〕

《莊子》「混沌」之神話：「南海之帝為儵，北海之帝為忽，中央之帝為混沌。儵與忽時相與遇於混沌之地，混沌待之甚善。儵與忽謀報混沌之德，曰：『人皆有七竅，以視聽食息，此獨無有』，嘗試鑿之。日鑿一竅，七日而混沌死。」〔註85〕因儵、忽的善良和無知，自作聰明，將混沌鑿開一竅，斷送了混沌的生命。這正是莊子所要表達的自然無為思想，這一思想今天對我們仍有警示意義。

《易經》「河圖洛書」曰：「河出圖，雒出書，聖人則之」。〔註86〕相傳，上古伏羲氏時，黃河中浮出龍馬，背負「河圖」，獻給伏羲。伏羲依此而演成八卦，後為《周易》來源。《幽明錄》傳海中金臺山：「海中有金臺山，高百丈，結構巧麗，窮盡神工，橫光岩渚，竦曜星門。臺內有金機，雕文備制」。《十洲記》之「不死草」：「神洲，東海中，地方五百里，上有不死草生瓊田中，草似菰苗，人已死者，以草覆之皆活。」《列仙傳》之江妃女仙：江妃二女，遊於江濱，逢鄭交甫，遂解珮與之，交甫受佩而去，數十步，懷中無佩，女亦不見。〔註87〕

〔註82〕　《藝文類聚》，卷八・水部上・海水，上海古籍出版社，1965年版。
〔註83〕　同上。
〔註84〕　同上。
〔註85〕　同上。
〔註86〕　《藝文類聚》卷八・水部上・江水，上海古籍出版社，1965年版。
〔註87〕　〔宋〕李昉：《太平御覽》卷六十，地部二十五・江。

《十洲記》之「扶桑」仙境：扶桑在碧海之中，北面一萬里有大帝宮，太真東王公所治處。山外別有員海繞山，員海水色正黑，謂之溟海，無風而洪波百丈，惟飛仙能到其處。〔註88〕《新序》禹之傳奇：「禹南濟於江，黃龍負舟，舟中人失色，禹仰視天而歎曰：『吾受命於天，死生命也！』龍弭耳而逃」。〔註89〕

《夢溪筆談》之「海事」：「登州海中，時有雲氣，如宮室、臺觀，城堞、人物、車馬、冠蓋，歷歷可見，謂之海市。或曰蛟蜃之氣所為，疑不然也。歐陽文忠，曾出河朔，過高唐縣，驛舍中夜有鬼神自空中過，車馬人畜之聲，一一可辨，其說甚詳，此不具記。問本處父老云，二十年前嘗畫過縣，亦歷歷見人物。土人亦謂之海市，與登州所見大略相類也。」〔註90〕

嶺南地區自秦漢以來，便受到中原文化的強大影響，吸收了中原文化、周邊文化，及海洋文化（包括東南亞與西方），並將其融彙、創造和發展。概言之，嶺南文化是南越的土著文化、中原文化和海洋文化的融合。嶺南至今仍傳承著先民開基創業的優美神話與傳奇。

如《淮南子·人間訓》傳「秦攻百越之戰」。秦始皇喜歡越之犀角、象齒、翡翠、珠璣。於是公元前 219 年，使尉屠睢發卒五十萬，兵分五軍，南下攻擊百越：「一軍塞鐔城之領，一軍守九疑之塞，一軍處番禺之都，一軍守南野之界，一軍結餘干之水，三年不解甲馳弩。……而越人皆入叢薄中，與禽獸處，莫肯為秦虜。相置桀駿以為將，而夜攻秦人，大破之，殺尉徒睢，伏屍流血數十萬，乃發適戍以備之」。

粵海洋小說最富神話和傳奇色彩的故事是媽祖傳奇。李俊莆的《莆田比事》記載媽祖：「生而神異，能言人休咎」；黃岩孫《仙溪志》中載：「為巫，能言人禍福」；黃公度《題順濟廟》記載：「平生不厭混巫嫗」。《天妃顯聖錄》也輯錄了媽祖生平「靈應」之神話傳說。林清標纂輯的《敕封天后志》是一部關於媽祖傳說的集錄。

明萬曆年間建陽林熊龍峰刊行的《新鐫出像天妃出身濟世傳》，又名《天妃娘媽傳》，全書分為上下二卷，共三十二回。作者吳還初。書述媽祖故事，如第一回有「鱷猴精碧苑為怪」，第二回有「玄真女叩闕傳真」，第十回有「玄

〔註88〕《太平御覽》卷六十，地部二十五·海。
〔註89〕同上。
〔註90〕〔北宋〕沈括：《夢溪筆談·異事》。重慶出版社，2007 年版。

真女湄洲化身」，第十五回有「林二郎兄妹受法」，第三十一回有「天妃媽收服鼉精」，第三十二回有「觀音佛點化二郎」等。

　　羅懋登的《三寶太監西洋記通俗演義》，其中大多情節亦與媽祖有關聯。如第二十二回寫道：「只聽得半空中，那位尊神説道：『吾神天妃宮主是也。奉玉帝敕旨，永護大明國寶船。汝等日間瞻視太陽所行，夜來觀看紅燈所在，永無疏失，福國庇民。』」〔註91〕鄭和《通番記》也寫道：「值有險阻，一稱神號，感應如響，即有神燈燭於帆檣，靈光一臨，則變險爲夷，舟師恬然，咸保無虞。」書中的第二十二回「天妃宮夜助天燈，張西塘先排陣勢」，第九十八回「水族各神聖來參，宗親三兄弟發聖」，第一百回「奉聖旨頒賞各宮，奉聖旨建立祠廟」等皆有相關描寫。〔註92〕明末崇禎年間陸雲龍撰《新鐫出像通俗演義遼海丹忠錄》，第十八回「大孝克仲母節，孤忠上格天心」，其中也提到媽祖許多神迹顯應的故事。

　　近代文學家林紓1917年創作的《天妃廟傳奇》〔註93〕。這部戲曲以江蘇松江地區天妃廟爲背景，描寫清光緒年間留學日本的假洋鬼子搗毀天妃廟神像，引起幾年集資修建天妃廟的商人們的憤怒，從而引起軍閥的干涉，以及軍閥內部的鬥爭。

　　現代海洋小說，可以現代著名文學大師秦牧（1919～1992）爲代表。秦牧爲廣東省澄海人。他的作品中海洋題材十分突出。在新編《澄海縣志》序文中，談到家鄉澄海時，他滿懷深情地說：「北回歸線橫貫澄海而過，我們這個縣也是得天獨厚的地方」；「首先，它是極其著名的僑鄉」；「再說……作爲嶺東重要縣份之一的澄海，在歷史上，名人輩出，到了現代，又湧現了許多傑出人物」。在《潮汕風采文叢》總序中，秦牧談到潮汕，他說「廣東，是中國大有特色的省份；潮汕，又是廣東大有特色的地區。每一個外地人到潮汕來，都會感受到這個區域風味之獨特與濃鬱，這不僅因爲潮汕地區的民眾講著特殊的方言，形成了獨異於人的風俗，而且，也因爲它文化比較發達，歷史上人文薈萃，久有『海濱鄒魯』之譽」；「貫徹了改革、開放政策以來，潮汕地區和全國廣大區域一樣，出現了經濟迅速增長，欣欣向榮的局面。這是大家所有目共睹的」。秦牧的各類小說中，「海」的印象尤其突出。如《憤怒

〔註91〕〔明〕羅懋登：《三寶太監西洋記通俗演義》，上海古籍出版社，1985版。
〔註92〕〔明〕鄭和：《通番記》二十卷，第二十二回，第九十八回，第一百回。
〔註93〕畏廬老人編纂：《天妃廟傳奇》商務印書館，1917年民國版。

的海》、《黃金海岸》、《逛香港海洋公園》等名作，就反映出一幅幅鄉情風俗畫面，甚至語言文字，也不乏潮語鄉音，如「三衰六旺」、「做鹽不鹹，做醋不酸」、「落力」、「埠頭」和「乞食」等，他用不沾不滯的筆墨開闊鋪陳。在秦牧系列作品中，「船」的情結亦甚為顯明，如《潮汐和船》、《船的崇拜》、《故鄉的紅頭船》等。在《故鄉的紅頭船》中，秦牧曾提及他的故鄉樟林港，有一種漆成紅色的船。船上畫上兩個紅紅的大眼睛。昔年沒有輪船，或少輪船時，粵東人就是乘著這種船從章林港出海到東南亞的。當年，秦牧的曾祖父就是乘著這種船到了暹羅，後來，他的父親也去了暹羅、新加坡和香港等地謀生。秦牧出身於香港，他就是在船的搖籃中成長的，故對於船民飄洋過海，歷盡艱辛的船上生涯頗有體驗。1992 年秋，廣州海外潮人聯誼會要編輯「澄海專刊，澄海政協文史委特約他撰寫介紹故鄉的文章，是時，他痼疾纏身，卻仍欣然應諾，8 月 18 日寫就《故鄉的女神廟》寄給澄海政協。不久，又將此文更名為《國際女神的光圈》，寄《文匯報》發表。祈望自己故鄉為更多的人所瞭解、熱愛，讓澄海走向世界。可惜的是，當他於 10 月 13 日下午將文稿寄出後，僅隔 10 多個小時，就與世長辭了，這篇文章已為絕筆。10 月 25 日，《文匯報》將此遺作和他給報社的信件一併發表，以誌追念。

當代嶺南海洋小說，則更多地關注時代與社會的變遷，反映改革開放的進程，嶺南作家何卓瓊 2002 年完成了長篇小說《藍藍的大亞灣》，這是一部以核電站為題材的長篇小說。在答記者問時她說道：完全就是海洋文化，一種海洋文化的體現。名字叫《藍藍的大亞灣》，就是一種海洋性的東西，蔚藍色的東西，不是黃土地那種，是藍色的海洋文化。大亞灣核電站濃縮了改革開放的進程，我思考的問題是中國人怎麼面對全球化，在全球化面前怎樣堅持本土化。

如果說《藍藍的大亞灣》主要是以海洋文化為背景的作品，那麼洪三泰先生的《血族》三部曲之一，《女海盜》則是直接描述海洋文化、海上絲綢之路的一部文學作品。在談到為什麼將作品定名為《血族》三部曲時，洪先生說：這三部曲主要是講一個嶺南地域文化背景之下的一些陽剛、血性的英雄，以《血族》命名，表達了我們嶺南的海洋文化，那是以血抗爭的血性文化。

小說《女海盜》透視出了雷州半島獨特的流放文化，更重要的特徵還是一種海洋文化。譚元亨評述說：我個人用海明威的《老人與海》，麥爾維爾的《白鯨》，還有前蘇聯作家格林的《踏浪女人》與這部《女海盜》進行對比，

發現它們之間不乏海洋文化的共性，包括大海所塑造出來的硬漢式的形象。但《女海盜》又是定位於特殊的文化背景和地域的，當然更充滿著一種嶺南文化、珠江文化特色。

陳殘雲的長篇小說《香飄四季》。小說落墨河湧、蕉林、桑基、魚塘、水鄉明月、村頭晚風，如：「天空湖水一樣的明淨，繁星閃著微笑的眼睛，河水脈脈地流，細風輕輕地吹，蕉葉嗦嗦地響，草蟲嘶嘶地叫，好一個靜穆的甜蜜的夜晚。」又如：「珠江岸邊金黃色的稻野，宛如一幅名貴的絨幔，在暖融融的陽光輝照中，閃閃爍爍，放出了悅目的金光。」〔註94〕陳殘雲溫文細膩的文字，在描寫水鄉的風物人事裏，就有了一種投契的諧和，在這種環境裏書寫的筆觸帶有水的質感與形態，地緣環境的水汽樹影都融合在其文字的調配裏。

楊萬翔《鎮海樓傳奇》，作品借助廣州三元宮這一有著濃厚地域文化色彩的自然景觀，融合有著本土方域特色的用語與句式，將其環繞於景物心態的描畫中，從而呈現出特殊的敘述效果：「放眼下望，只見三元宮正殿那烏青的瓦頂近得直似伸手可觸，綠靄靄樹叢中紫煙氤氳，嫋嫋升騰，煞有仙家氣象——葛洪端的是一流堪輿大師，粵北五嶺千里來龍，於茲結穴，他恰在此處截得龍脈，把他岳父東晉南海太守鮑靚的休憩之所改建成恁地一個福地洞天；如今若再在三元宮一頭建座鎮海樓，暢好一上一下按定那龍首。三元宮往南一箭之遙便是廣州城正北門，但見門內房舍鱗次櫛比，街巷棋格縱橫，迢遙處迷迷濛濛珠江如帶。」〔註95〕

《鎮海樓傳奇》還對俗稱「蛋家」的水上居民的生活，對丐幫群聚而居的習慣，對花艇上的風塵女子，皆有細緻地鋪寫，在字裏行間、情緒格調、世相鋪陳、人情揮灑等等方面，它都皴染了濃鬱的嶺南特色。

由小說《紅海洋》改編的電視劇《滄海》是第一部全景展示中國海軍60年發展歷程的軍事題材小說。也是一部「新中國海軍的百科全書」。它揭秘了諸多真實歷史事件，揭開了中國海軍的神秘面紗，是首部全景展示中國海軍六十年發展的獻禮史詩大片。對於瞭解中國海軍的發展史，瞭解金馬島戰役，瞭解我國核潛艇「長波臺」的研製，索馬里護航169艦等不無裨益。《紅海洋》目前已為美國國會圖書館和五角大樓收藏。

〔註94〕陳殘云：《香飄四季》，廣州：廣東人民出版社，1978年版。
〔註95〕楊萬翔：《鎮海樓傳奇》，廣州：花城出版社，1990年版。

中國海洋小說的發展史與外國的海洋小說一樣，經歷了一條從神話到浪漫主義和現實主義的道路，體現了古代由「神到人」的過渡。古代由於人類生產力水平的低下，人們往往借助想像以表達征服海洋、支配海洋的願望。隨著生產力水平的發展，海洋逐漸被人類所認識，海洋神話對人類的支配力也就逐漸消失了。

在近代海洋小說家們筆下的海洋題材，往往反映商船航海、海盜劫掠、販賣黑奴和海上戰爭等。這時的海洋小說再也找不到「神」的色彩了。海洋小說亦如社會小說，遵循著文學發展的普遍規律。

六、粵風海韻傳清音──嶺南戲曲與演藝

嶺南戲曲藝術生成的文化背景，是背靠中原泱泱后土，而面向寬廣無垠的海洋的兩種文化的結晶。嶺南戲曲包括粵劇、潮劇、漢劇、瓊劇、採茶戲和客家山歌等劇種，其中被譽為「南國紅豆」之粵劇，「南國奇葩」之潮劇、漢劇，是廣東戲曲的代表劇種。而流行於海南省、廣東雷州、高州和廣西合浦一帶的瓊劇，則與粵劇、潮劇、漢劇並稱為嶺南四大劇種。它們淵源流長，頗具特色，而又影響深遠。

粵劇：粵劇的音樂、曲譜彙融了國內南北之樂，西洋音樂、宗教音樂、民間小調等，具有和諧、通暢的韻律。雍正十一年，吳門綠天所著《粵遊紀程》載曰：「廣州府題扇橋，為梨園之藪……能崑腔蘇白，與吳優相若。此外，俱屬廣腔，一唱眾和，蠻音雜陳。」〔註96〕

明末清初廣州已為「天下商賈聚處」。康熙年間，廣州設立「十三行」統轄對外貿易，乾隆二十四年，它已成為全國唯一的對外通商口岸。這種海洋文化背景促進了粵劇的興旺、發展，以及外來劇種與廣東本地班的融合。綠天手稿《粵遊紀程》（雍正十一年李元龍序文）「土優」條，即有關於廣府班演唱「廣腔」時「一唱眾和」，「必鬧鑼鼓良久」的記載。粵劇由「崑腔」而「廣腔」之變化，已顯示出其完全獨立、自為的狀態。粵劇《西廂記》選段《皓月照東牆》即仿梵樂《春江花月夜》而作。

粵劇是一種「以歌舞演故事」為主要敘述方式的綜合藝術，它注重的是「演故事」。趙琦美輯《脈望館鈔校本古今雜劇》中的《奉天命三保下西洋》、《爭玉板八仙過海》、《賀萬歲五龍朝聖》三部雜劇鈔本，即演鄭和七下西洋，

〔註96〕引自：李嶧《廣州也有瓊花會館》，《南國紅豆》1994 年第 6 期。

八仙過海，及五龍朝聖的故事。戲劇反映了明代末期社會經濟的發展和市民價值取向，其明顯受到鄭和下西洋所帶來的航海事業發達、海上交通貿易繁榮鼎盛的影響。

在音樂方面，粵劇吸收了廣東民間音樂素材和表現手法爲劇情服務。粵劇的一些曲牌就是來自廣東音樂名曲。如 2002 年廣州粵劇團排演的《花月影》用了時曲《眞的好想你》，清遠市撰曲家王景祥的《祖國頌》尾段亦爲時曲《歌唱祖國》。上世紀初的電影歌曲《夜上海》、《四季歌》、《何日君再來》等都是最常用的粵曲曲牌，馬來西亞歌曲《檳城豔》等亦爲粵曲曲牌，安徽鳳陽的民間小調《鳳陽花鼓》類亦常被粵曲使用，而廣東其他音樂則更可隨手拈來，爲粵曲所用。粵劇粵曲的開放性和包容性於此可見一斑。

早期粵劇使用的樂器只有二弦、提琴、月琴、簫笛、三弦和鑼鈸鼓板，聲調簡單。進入成熟期以後，粵劇所使用的樂器達四十餘種之多，甚至接納了多種西洋樂器，如薩克斯管、小提琴等，使音樂效果更臻完善。這在當時的戲劇界是少見的，顯示出嶺南戲劇勇於革新的精神。

粵劇藝人習稱爲「紅船子弟」。河網縱橫的珠三角是早年粵劇的演出之地。粵曲戲班外出演出時多以船代步，並往往就在停泊的戲船裏「舟居」。每年開春後，民間慣例演戲酬神，祈求五穀豐登。嘉慶十八年，雲臺師巡撫江西，始創「紅船」於滕王閣下，其後粵伶襲仿「紅船」開展演劇活動。

麥嘯霞《廣東戲劇史略》說：「粵伶以戲船爲根據地，故班中最高領袖謂之『坐艙』，辦事幹員統稱『櫃檯』，演員伶人統稱『大艙』，樂隊謂之『棚面』。」康熙四十四年舉人徐振《珠江竹枝詞》記敘了詞人路過瓊花會館館口之所見聞：

> 歌伎盈盈半女郎，怪他裝束類吳娘；
> 瓊華館口船無數，一路風飄水粉香。

瓊華（花）爲梨園會館，在太平門外，歌伎多舟居集此。「瓊華館口船無數」，正是「紅船」之多，伶人無數，演出盛況空前之寫照。

明代粵地戲風甚熾。鄉俗子弟多不守常業「惟事戲劇度日」故成化十六年，新會知縣丁積頒佈《禮儀通論》，指責並著令「上中下戶子弟，須令有業，非士則農，勿事戲劇，違者鄉老糾之。」〔註97〕

〔註97〕康熙二十九年：《新會縣志》，引自：江門日報《城市記憶 從新會到江門》，第 6753 期 D6 版，2008 年 3 月 27 日。

　　清代粵劇組班演劇之俗尤盛，其影響遍及海內外。清代佛山竹枝詞曾壯此盛況：「梨園歌舞賽繁華，一幕『紅船』泊晚沙，但到年年天贶節，萬人圍住看瓊花」。粵劇是中國最早走向世界的地方劇種。它廣泛流傳於兩廣、港澳、南洋和美、加華人社區。光緒十三年，清政府駐新加坡外交官李鍾鈺在《新加坡風土記》中有當時新加坡的幾處戲院「皆演粵劇」〔註98〕之記載，這是「粵劇」文本流行最早的紀錄。

　　粵劇在傳承中題材不斷開拓。2010 年廣東粵劇院出品的「大型新編粵劇《南海一號》即爲表現嶺南海洋題材的粵劇新作。通過對「南海一號」的演義，講述了在戰火連連，積弱積貧的南宋趙高宗時代，廣州一戶航海通商世家李大用、李六哥父子二人，響應朝廷遠洋市舶、再興大宋的召令，修造大船、改良陶瓷、追求財富的故事。

　　《南海一號》因風暴的突然襲擊，導致大船沉沒。這一故事，突出了南粵海民特有的文化與精神，這是一種與嶺北完全迥異的海上絲綢之路文化。全劇再現的不僅僅是一段海上絲綢之路的發展史，更是一段南粵人民改變古中國、影響全世界的精神史。在「南海一號」被發現的同時，有著數百年歷史的大澳古漁村亦同時被外界發現。

　　2010 年 12 月 24 日粵劇《南海一號》回到具有 800 多年歷史的古沉船地陽江上演，藝術家們以其柔美的唱腔、出色的表演和波瀾壯闊的舞美征服了觀眾。著名粵劇表演藝術家紅線女曾慨歎：「粵劇藝術博大精深，我畢生追求探索，也只不過是略曉一二。」

　　潮劇：地處古楚之地的潮汕地區，在地理上背五嶺而面南海，古代與北方內地交通隔絕。作爲嶺南文化的重要支脈，潮州文化歷史悠久，底蘊深厚。潮劇產生於明代潮州。屬元明南戲的一支。潮劇又名潮音戲、潮州白字戲，用潮州方言演唱，潮州音樂伴奏，是廣東三大地方劇種之一，也是全國十大劇種之一。潮劇以語言優雅、唱腔通俗、優美抒情、當分嚴密見長，具有濃鬱的地方色彩和獨特的藝術風格。

　　潮劇屬於高腔系統。其音樂體系通常包括：曲牌、滾調（也稱滾板）民間小調和詞牌。曲牌俗稱「牌子」，是元明以來南北曲、小曲、時調等各種曲名的泛稱。曲牌各有專名，常用的有幾十種。每一曲牌都有其固定的曲調、唱腔、句法、字數與平仄。潮劇的打擊樂頗具鮮明的地方特色，其鑼鼓造型

〔註98〕李鍾鈺，《新加坡風土記》，新加坡南洋書局，1947 年版。

獨特，種類繁多，每件樂器都經過嚴格定音，敲打聲悅耳動聽，表現力強，其與唱腔、弦樂揉合，三者互相烘託。

潮人篤於戲曲之風。「吹擊管鼓，侑香潔之」。其酬神巫祀、禮佛課頌，笙蕭管絃的民俗，承襲古風，代代相傳，延及今人。清康熙藍鹿州《潮州風俗考》載：「梨園婆娑，無日無之……舉國喧闐，晝夜無間。」

咸豐、同治年間，海禁開放，潮汕成為閩粵贛邊區商品集散地，外江戲班隨商旅的到來也大量湧集到潮州。至光緒年間，外江班藝人又在潮州上水門興建了外江梨園分所。其時外江戲班達三十多個，活動於粵東、閩西等地。

潮戲班如同京劇祀老郎神，粵劇祀華光大帝，其所祀的神祇是田元帥或田師爺。凡潮音戲開班，必祀此神。後來潮州的秧歌戲也祀他。每年陰曆六月二十四日雷祖誕，便是田元帥誕辰紀念日。為了紀念他，在原潮州府的舊址建立過田元帥廟，該廟又名「慶喜庵」。據潮州府志記載，「慶喜庵建於順治年間」。

潮州少數民族「在山為畬，在水為蛋」的畬族鬥歌、蛋船歌舞，習風成俗。亦對潮劇產生了很大影響。相傳潮劇三步進三步退的臺步，就是來自蛋船舞蹈。潮丑側身跳躍的機械的手法腿法，仿自紙影。潮劇唱法的「彩場」，表現緊張急越的情緒，亦無不受其影響。

潮劇與潮州民俗民風之關係密切。潮州舊曆三月廿三日為聖母神誕，俗謂「媽生」，皆極隆重；演戲謝神，尤以漁民區為甚。

「五月龍船戲」舊曆五月初五，潮汕水鄉普遍舉行賽龍舟活動，有些村社還要請戲湊熱鬧，有的向鄰村借龍舟，也得以戲還禮。潮人將雨奉為神明，流傳著關於「雨仙爺」的神話。他們往往以請戲之形式求雨：「戲請成，雨淫淫，戲在做，雨大倒，戲歇棚，雨就晴，戲做直，天出日。」〔註99〕

潮州最為熱鬧的遊藝演劇活動花燈盛會，既可娛神兼而娛人。據傳古港樟林的花燈盛會已持續三百年了，每年二月籍遊火帝的形式舉行。因此也稱打火醮，旨在祈求神錄不讓火災降臨。往往要持續半年之久。一般是日間展覽，夜間遊行，連續三天，要遊遍八街六社。隊伍中有儀仗隊、鑼鼓隊、標旗隊、和扮塗戲，表演《桃花過渡》、《八仙過海》、《唐僧取經》等劇目。此外還有燈謎、雜技、看浪蕩、焰火、潮劇演出等。

隨著近現代大量潮人擁入東南亞各國，潮劇在移民潮人聚居的東南亞各國顯現出其特有的藝術魅力。潮劇被介紹到泰國的歷史已有 300 多年。它不

〔註99〕拙文：《潮人信仰與民間神話》潮洲日報，1999 年 7 月 16 日。

僅已融入泰國主流社會，融入了其上層社會，並且登堂入室地進入了泰國的
暹羅宮廷，受到王室貴族們的親睞。據說泰國的母旺感猜倉皇宮，就建有一
座戲臺，供王室觀賞潮劇。英國作家布賽爾的《在暹羅的中國人》等文章，
對於潮劇在泰國的流播、演出，與潮州戲班的狀況有所記載。文中提到泰國
成立的潮州戲班，最多時竟達 30 多個。

　　清人李鍾鈺《新加坡風土記》述說了 19 世紀中葉潮劇在新加坡的流播已
相當活躍。在新加坡，演出潮劇的場所更多，如新加坡怡員園戲院、哲園戲
院、同樂戲院和永樂戲院。這些地方已成為潮人「鄉坊之音」的場所。顯而
易見，有親和力的潮劇因子已滲入東南亞各國戲劇文化之中，並對當地的文
化起著補闕作用。〔註100〕

　　潮劇隨著華僑華裔的足迹，也傳播到法國、美國、加拿大、澳大利亞、英
國、德國、荷蘭、丹麥、瑞士、比利時等國家和地區。據有關學者考證，很多
潮劇古刻本如《荔鏡記》、《金花女》、《蘇六娘》，在美國、英國、奧地利和日本
等國圖書館均有收藏。潮劇已成為海外潮人和當地人民共享的精神財富。

　　反映海外潮人生活題材的作品亦不斷湧現，如香港電視連續劇《我來自
潮州》即是一部勵志的電視劇，影片再現了潮州人在香港打拼的歷程。故事
以潮人林百欣的發迹史為原型。反映了「潮州郎」鄭琛、李乃強和朱潤三個
人半個多世紀的打拼人生。三個人，不同的出身，不同的性格，不同的經歷，
卻有著相同的「潮州郎」的身份，和一份歷經多年卻毫不染塵的友情。他們
是上個世紀潮州人在香港打拼的縮影，正是他們的努力和拼搏，不僅為自己
書寫了精彩的人生，還親自見證了幾十年來這座城市的變遷。劇中潮汕地區
的民俗民情演繹得十分動人，主題歌詞「前路哪怕是掀起萬丈浪，挺起胸往
前勇闖……從未怨過命，一生都打拼」。鮮明地傳達了劇作的思想精髓。

　　上世紀 80 年代，新加坡拍攝的電視連續劇《戲班》反映的是新加坡潮州
戲班的故事。

　　《戲班》把 50 年代新加坡潮劇團戲曲藝人一段段凄涼辛酸的人生搬上了
舞臺。主題曲「潮聲像一首樂曲，浮萍聚散似一臺戲」。象徵著《戲班》女主
人公白蘭香與潮劇團的教戲先生梅豔秋之間複雜情感的糾葛。

　　辛亥革命、「五四」運動和抗日戰爭期間，潮劇盛行「文明戲」。曾上演

〔註100〕拙文：《潮文化異域態勢論》，載於《海峽兩岸同根譚》第 237～245 頁，天馬
　　　　出版有限公司 2005 年版。

過《林則徐》和《盧溝橋紀實》、《丁日昌》等大批時事劇。

新中國成立後，潮劇更是成就輝煌，令人矚目。

中國戲劇家協會主席田漢曾賦詩贊潮劇曰：

> 爭說多情黃五娘，璿秋烏水各芬芳。
>
> 湖邊細柳迎環佩，江上名橋走鳳凰。
>
> 法曲久曾傳海國，潮音今已動宮牆。
>
> 難忘花落波清夜，蕩氣迴腸聽「掃窗」。

漢劇：漢劇是清朝雍正年間，徽劇傳入廣東後形成的一大劇種。廣東漢劇舊稱「外江戲」、「興梅漢戲」，1933 年改稱漢劇。流行於廣東梅縣、汕頭和粵東北、粵閩贛邊區各地。廣東漢劇在東南亞一帶也頗有影響，早在清光緒初年，就有榮天彩班到泰國演出；1910 年，老三多班又到馬來西亞、新加坡、印度尼西亞等國流動演出達三年之久。

廣東漢劇的臉譜豐富，有百多種，以黑、紅、白三色為主，黑色象徵剛勇，紅色象徵忠賢，白色和青色象徵陰險、奸詐。音樂唱腔以皮黃為主，輔以崑曲、高腔、吹腔、小調等，並保存很多古老的曲牌。漢劇的角色行當為生、旦、丑、公、婆、紅淨、烏淨七大行。

漢劇的拌奏樂器有：頭弦、二胡、三弦、蕭、大小嗩吶、揚琴、秦琴、琵琶、古箏、大提琴等，還有一些打擊樂器，唱腔主要是「西皮」、「二黃」。廣東著名漢劇藝術家黃粦傳在老生行的演唱藝術，可謂無人企及。他的漢劇代表劇目主要有《百里奚認妻》、《秦香蓮》、《失街亭》、《空城計》、《斬馬謖》、《擊鼓罵曹》、《五丈原》、《攘星斗》、《齊王求將》、《紅書寶劍》以及現代劇《轉唐山》、《一袋麥種》等。梅蘭芳、歐陽予倩、田漢、蔡楚生等對他們的表演十分讚賞，謂之「珠聯璧合」，著名京劇演員馬連良亦稱其為「正宗的老生嗓子」。黃粦傳曾有「南方馬連良」之譽。

廣東漢劇傳統劇目現存八百多個。其中《齊王求將》和《一袋麥種》曾由珠江電影製片廠攝製成戲曲藝術片。廣東漢劇現已列入第二批「國家級非物質文化遺產」保護名錄。同時，廣東漢劇院完成了《廣東漢劇志》、《中國戲曲志・廣東卷》廣東漢劇部分、《中國戲曲音樂集成・廣東卷》廣東漢劇分支的編纂。為保護國家文化遺產作出了有益的貢獻。〔註101〕

〔註101〕是篇為作者舊文，有關專論參見拙著《嶺南文化論粹》，2013 年光明日報社版。

附錄二　道教經籍書文中的道派人物及民俗文化研究

　　道教文化在中國傳統文化中的地位和作用，已被愈來愈多的人所認識。魯迅說「中國的根柢全在道教」。本文亦順著這一思路，繼續探究中國民俗文化與道教之血脈關聯。並擬通過對道教經籍書文中的道派人物、道教神仙，以及道門學者思想、文化、典籍與事迹之梳理，闡釋其對中國民俗文化、文化心理，以及社會哲學、文化觀念諸方面之影響。本文將從道派人物與民俗文化、道派諸神及民俗文化心理、以及道門學者及典籍詮釋之民俗三個方面，討論與描述滲透、凝聚於中國民俗事象中的道文化因子，以利發掘道教的精神底蘊和價值。

一、道派人物與民俗文化

（一）老子與函谷關文化

　　《史記·老莊申韓列傳》曰：「老子修道德，其學以自隱無名爲務。居周久之，見周之衰，乃遂去，至關，關令尹喜曰：『子將隱矣，強爲我著書！』於是老子乃著書上下篇，言道德之意五千餘言而去，莫知其所終。」此中所提老子當年「至關」、「著書」之處，亦即函谷關。據《大明統一志·河南府》（卷二十九）載：「函谷關在靈寶縣南十里，老聃西度，田文東出皆此關。左右有望氣、雞鳴二臺遺址」。

　　2004 年 3 月 17 日，本人應邀赴靈寶市函谷關參加「老子誕辰 2575 週年紀念」，及《老子》劇本研討會。來到靈寶、函谷關，首先映入眼簾的便是充

滿文化意蘊，引人聯想的「紫氣東來照鐘靈興社稷」，「八方嵐氣老君來，四面雲山青牛臥」類的楹聯，傳達了「紫氣東來」典故之美妙意境，與函谷關地望神奇、靈氣沛然之貌。宋，陳景元《道德眞經藏室纂微篇》載：「（老子）到周昭王二十五年癸丑歲，五月二十九壬午，乃乘青牛，薄奄車，徐甲爲御，遂去周……至七月十二日甲子，老子到關。（尹）喜擎跽曲拳……授道德兩篇」。《列仙傳》載：「關令尹喜，爲周大夫。善內學星宿，服精華，隱德行仁，時莫知。老子西遊，喜先見其氣，知眞人當過，爲著書」。老子西度函谷關之優美故事已世世代代廣爲流傳，函谷關更是年年洋溢著「新春正月二十三，天上老君煉仙丹。家家門上貼金牛，一年四季保平安」之氣象。

與會時，在「道家之源」，本人有幸目睹了「天藏地蘊道家風，虎踞龍盤中山氣」之聖境。以及「宮清關秀客正來，霞蔚雲蒸虹方起」之靈地。聯中所謂「客」即老子；所謂「宮」，即指「太初宮」，（原爲觀）乃老子當年著經之所。唐開元 29 年，玄宗因聞在此掘得「靈符」，遂改年號爲天寶元年。宋崇寧四年（1105），敕修殿宇行廊，改太初觀爲「宮」。清蕭、玄妙、俊秀的太初宮、函谷關；雲蒸霞蔚、冉冉飄拂的彩虹，展示了一幅「紫氣東來」之絢麗的民俗畫卷。在「道家之源」大門兩側，輝映著「三百代太初之光生一生二生萬物，五千言道德眞經法天法地法自然」之對聯。太初宮因「道德經」之光輝普照，傳之久遠。聯中「生一生二生萬物」，體現了老子哲學思想的基本觀點；「法天法地法自然」，則表現了老子清淨無爲、崇尚自然的崇高境界。千百年來，無數文人墨客在詩中詠歎著「東來紫氣滿函關」〔註1〕，「此時飄紫氣，應兆眞人還」〔註2〕；「流沙丹照沒，關路紫煙沈」〔註3〕；「黃塵漲戎馬，紫氣隨龍旂」〔註4〕；「紫氣氤氳捧半岩，蓮峰仙掌共巉巉」；〔註5〕「紫氣已隨仙杖去，白雲空間帝鄉消」；〔註6〕「紫氣久無傳道叟，黃塵哪有棄繻郎」；〔註7〕「青牛關上征驂度，紫氣天邊莫靄勻」；〔註8〕「太白星傍飛紫閣，

〔註1〕杜甫：《東來紫氣滿函關》，收入趙來坤編著：《老子與函古關》中州古籍出版社，2002 年版。
〔註2〕〔唐〕徐惠：《秋日涵古應詔》。
〔註3〕〔唐〕李隆基：《老子故宅》。
〔註4〕〔唐〕錢起：《鸞駕出關後登高愁望》。
〔註5〕〔唐〕溫庭筠：《老君廟》。
〔註6〕〔唐〕韋莊：《尹喜宅》。
〔註7〕〔金〕辛願：《自古函關一戰場》。
〔註8〕〔明〕許進：《老子故宅》。

洛陽羈客屢登遊」；〔註9〕「層漢青牛踏沓，荒臺紫氣紆」；〔註10〕「紫氣無蹤虛夜月，金雞有信度秋風」；〔註11〕「峰高下見黃河盡，開闊遙看紫氣來」；〔註12〕「道氣發揮成紫氣，眾生尊槳可長生」；〔註13〕「不是當年賢令尹，東來紫氣認誰眞」〔註14〕等讚語。「紫氣東來」，已是函谷關民俗文化的顯著特徵。在函谷關，本人亦曾目睹規模盛大，充滿地方民情風俗的老子祭奠儀式，深切地感受到函關古道濃鬱、神秘、肅穆的道民俗文化氣氛，以及「千古雄關，道家之源」的道文化魅力。以《道德經》爲標誌的道學乃中國古代優秀思想的集大成者，老子研究已成爲國際顯學。據《中外老子著述目錄》不完全統計，國內外老子研究的專著、文集達 2000 種以上。對老子和《道德經》的研究，已成爲一種文化現象，其價值和意義正日益彰顯。

（二）媽祖與海洋民俗

　　媽祖，亦稱天妃、天后、天上聖母等，是道教信奉的航海保護神。媽祖信仰從產生至今已延續了一千多年，它是一種影響至深，流播久遠的宗教文化。據宋、清史料記載，媽祖乃湄州人氏。宋紹興二十年（1150），《聖墩祖廟重建順濟廟記》中記曰，媽祖「姓林氏，湄州嶼人」。元人程瑞學在《靈慈廟記》中曰：「……生而神異，能力拯人患難，室居未三十而卒，宋元裕年間邑人祠之。」《敕封天后志》和《天后顯聖錄》亦載其事迹。歷代對於天后文獻的編撰，集中深刻地反映了民眾海神崇拜與認同的文化心理。

　　「湄洲供海神，四海祭天妃」，媽祖精神已融入湄島，撒向蒼穹廣宇，蔚爲文化壯觀。媽祖祖廟，香火鼎盛，每年吸引進香朝拜的臺胞、僑胞和大陸遊人達百萬人次。同時，媽祖文化從原點慢慢擴散開來，跨越空間，像漣漪一圈又一圈地波動，終於傳播到海外及世界各地。在臺灣省，媽祖是最具影響力的神祇，全臺有三分之二的人信奉媽祖，有 800 多座媽祖廟。湄洲媽祖金身曾於 1997 年應邀巡遊臺灣，在臺 102 天，駐蹕 34 家宮廟，接受臺灣信眾 1000 萬人次朝拜。臺灣出現了「火樹銀花不夜天」、「十里長街迎媽祖」的空前盛況。臺灣媒體稱媽祖金身赴臺是「千年走一回」的「世紀之旅」。在澳

〔註 9〕〔明〕謝江：《老子故宅二首》。
〔註10〕〔明〕許名：《函谷》。
〔註11〕〔清〕霍濬遠：《函谷關》。
〔註12〕〔清〕呂履恒：《登老君原觀後閣》。
〔註13〕〔清〕楊浩：《函谷紫氣》。
〔註14〕〔清〕周秋元：《望函關兩首》。

門，有中國道教著名的宮觀「媽閣廟」，創建於 1488 年，廟宇背山面海，依
山而建。殿內供一洋石船，上面鐫刻中國古代帆船，船上大旗書「利涉山川」，
象徵當年媽祖乘船從家鄉福建來澳的情景。據說媽祖即從此地飛升成仙。亦
有令人矚目的澳門媽祖民俗文化村之「天后宮」，本人曾於 2006 年 12 月訪問
澳門，進行媽祖文化研究時，數次參訪此地。這個佔地近 7000 平方米的「天
后宮」，坐落在澳門路環島的疊石塘山上，集宗教、文化、民俗、旅遊於一體，
是澳門迄今規模最大的廟宇。媽祖文化隨著隨著一代又一代閩籍澳門人的播
揚，如今已逐漸成為澳門多元文化的重要組成部分，媽祖更是成為了澳門人
心中善良、博愛、和平、安寧和吉祥的偶像。在參訪澳門媽祖文化研究中心
——澳門中華媽祖基金會時，本人亦強烈地感受到澳門媽祖民俗文化的濃鬱
氛圍和底蘊。澳門是世界上第一個以媽祖名字命名的城市。澳門歷史與媽祖
關係密切，早在 500 年前，葡萄牙人抵達澳門時，就把地名寫成 MACAU，即
媽閣的譯音。在香港，幾百年來，海上女神媽祖被遠航者尊為吉祥的化身。
她給予那些遠航於驚濤駭浪中的人們以向茫茫的海洋進行不斷探索與征服的
勇氣。香港有句俗語叫「不拜神仙不上船」，這個神仙即天后媽祖。每到農曆
的初一、十五，香港天后廟裏香煙嬝嬝，拜祭者絡繹不絕。使香港成為了一
個群山屏障、順濟安瀾的避風良港。香港社會雖然幾經變遷，各種思潮不斷
交融，但人們對媽祖的崇拜信仰卻沒有絲毫改變，正如香港學者廖迪生所指
出，近 10 年來，香港人口急劇增加，社會急速都市化，新的社會政治組織冒
升，神誕活動與地方社會組織之間的關係日漸疏離，但天后誕的慶祝並沒有
消失，反而添上現代意義。香港人開始嘗試在天后誕和天后廟中尋求地方的
民俗傳統，用以建構自己的認同。

媽祖信仰亦是在中國海上與世界各國和平交往的軌迹中不斷發展的「精
神界碑」。媽祖信仰的國外遠洋傳播區域，主要有日本、朝鮮半島、東南亞以
及美國檀香山等地。在東南亞，如印度尼西亞、馬來西亞、新加坡、菲律賓、
泰國、柬埔寨和越南等國家，華人聚居的沿海城鄉，亦莫不有媽祖的神迹。

據不完全統計，目前世界上大約有 2 億多媽祖信眾，有 5000 多座媽祖廟，
分佈在 26 個國家和地區。可謂「海水到處有華人，華人到處有媽祖」。如新
加坡的天福宮即見證了華人從中國南來的歷史和社會變遷，深具歷史和文化
意義。在泰文典籍中亦載有媽祖的故事。在澳洲的澳大利亞和新西蘭，歐洲
的法國巴黎和挪威、丹麥，美洲的美國檀香山和舊金山、加拿大、墨西哥、

巴西以及非洲等地也都有媽祖廟宇或奉祀的場所。媽祖民間信仰的學術價值正日益引起學者們的深切關注。

在以媽祖崇拜爲核心的民俗形成中華海洋民俗文化圈時，其文化資源已顯現出綜合的強力效應。如，由天后宮的民俗文化向周邊輻射，與儒、釋、道等多種傳統文化資源相組合，已構成一條多彩多姿的民俗文化鏈。其中包括海洋意識與海洋觀念、海洋與人的相互作用、海洋人文社會機制的建立與發展、涉海人類群體的生存生活模式、政治結構、政策法規、審美情趣等等。同時利用當地海洋文化遺址、遺迹的遺留影響、外來僑民和移民後裔的遺存文化，亦進一步強化了海洋文化氛圍，可從中感受到強烈的海洋文化氣息。

（三）西王母信仰與民俗

歷史上西王母形象經歷了由自然神向人格神之演變。西王母之名，始見於「古之巫書」《山海經》。《山海經・西山經》曰：「玉山，是西王母所居也。西王母其狀如人，豹尾虎齒而善嘯，蓬髮戴勝，是司天之厲及五殘。」〔註15〕《大荒西經》曰：「有人戴勝，虎齒，有豹尾，穴處，名日西王母。」〔註16〕《海內北經》又云：「西王母梯幾而戴勝杖，其南有三青鳥，爲西王母取食。」〔註17〕以上西王母是亦獸亦人之自然神形象。

漢魏以來，隨著道教的日益發展，西王母神話進一步道教化。這種傾向在《淮南子》、《莊子》、《搜神記》、《博物志》、《漢武帝內傳》等著作中已十分明顯。《淮南子・覽冥訓》曰：「羿請不死之藥於西王母，姮娥竊以奔月，悵然有喪，無以續之。」〔註18〕《搜神記》亦載：「……，嫦娥竊之以奔月，將往，枚筮之於有黃。有黃占之曰：『吉。翩翩歸妹，獨將西行。逢天晦芒，毋恐毋驚。後且大昌。』嫦娥遂託身於月，是爲『蟾蜍』」。

在此西王母已成了操不死之藥之神仙，其故事與嫦娥奔月的神話傳說聯繫起來。《漢武帝內傳》中，亦有漢武帝拜請西王母授長生之道及西王母傳道授書之故事。西王母道：「曾聞天王曰：『夫欲長生者，宜先取諸身，但堅守三一，保爾旅族。』」她授之漢武帝，不要恣情淫欲，要保養精氣。並親手授以《五嶽眞形圖》及《靈光生經》，又命上元夫人「授六甲靈飛招眞十二事」，

〔註15〕元陽眞人：《山海經・西山經》云南科技出版社，1994年版。
〔註16〕《山海經・大荒西經》。
〔註17〕《山海經・海內北經》。
〔註18〕《淮南子》，華夏出版社，2000年版。亦見於《搜神記》卷十三。

即《內傳》中所列的《六甲左右靈飛符》、《六遁隱化八術方》、《入火九赤班文符》等十二篇經書。這十二篇經文，亦爲早期上清派所傳之經書。顯見東晉南北朝時上清派道士已將西王母納入自己的神仙譜系。

《莊子‧大宗師》亦將西王母寫成得道之人，曰：「夫道，有情有信，無爲無形……西王母得之，坐乎少廣，莫知其死，莫知其終。」〔註19〕西王母作爲人格神，在民間受到頂禮膜拜：《漢書‧哀帝紀》曰：「（建平）四年（公元前三年）春，大旱。關東民傳行西王母籌……民又會聚祠西王母。」《漢書‧五行志》亦載曰：「……經歷郡國二十六，至京師。其夏，京師郡國民聚會里巷仟佰，設（祭）張博具，歌舞祠西王母。」民間還普設西王母的廟宇。

西王母故事流傳最廣的是「蟠桃」的神話傳說。晉張華《博物志》卷三云：「漢武帝好仙道，祭祀名山大澤，以求神仙之道。時西王母遣使乘白鹿告帝當來，乃供帳九華殿以待之。七月七日夜漏七刻，王母乘紫雲車而至……有三青鳥，如烏大，使侍母旁。時設九微燈。帝東面西向，王母索七桃，大如彈丸，以五枚與帝，母食二枚。帝食桃輒以核著膝前，母曰：『取此核將何爲？』帝曰：『此桃甘美，欲種之。』母笑曰：『此桃三千年一生實。』……時東方朔竊從殿南廂朱鳥牖中窺母，母顧之謂帝曰：『此窺牖小兒，嘗三來盜吾此桃。』」該故事爲其後《漢武帝內傳》寫蟠桃宴會之張本。在後世的文學作品中，亦多有對西王母的描繪，稱她是「瑤池金母」。開種蟠桃，三千年一成熟，每逢蟠桃成熟，西王母大開壽宴，諸仙前來爲她上壽。《西遊記》第五回對於蟠桃會即有精彩描寫。道教亦在每年的三月初三定爲王母娘娘的誕辰，並於此日盛會，俗稱蟠桃盛會。「三月三」也叫「王母娘娘千秋節」，這一天的傳統民俗就是踏青、春遊、登山逛廟會、對情歌。「三月三」這一天，作爲中國傳統佳節之習俗，沿襲至今。

西王母民俗，亦與瑤池相關，中國古代眾多神話的發源地崑崙山是明末道教混元派（崑崙派）道場所在地，也是中國古書中記載的「瑤池」所在之地。

《史記‧大宛列傳》中述：「崑崙其高二千五百餘里，日月所相避隱爲光明也；其上有醴泉瑤池」。《周穆王傳》講述了穆王與西王母在崑崙山瑤池聚會之事：「乙丑，天子觴西王母於瑤池之上。」晚唐詩人李商隱在遊涇川時曾詩中寫道：「瑤池阿母倚窗開，黃竹歌聲動地哀，八駿日行三萬里，穆王何事

〔註19〕《莊子集釋》第 1 冊第 246～247 頁，中華書局，1982 年版。

不重來。」有的學者認爲，西王母和周穆王的會見，這是西部民族和東部中原民族和睦相處的寫照。

瑤池亦即崑崙山產美玉的水池。《水經注・河水》曰：「崑崙之墟，方八百里，高萬仞……百神之所在。」這座神山的主管是西王母，崑崙河源頭的黑海也就被認定是西王母瑤池。西王母瑤池其實是一個天然的高山平湖，海拔 4300 米，東西長約 12 公里，南北寬約 5000 米。一泓碧水襯托在藍天雪山之下。每年都有很多道教信徒從海外來這裡朝拜，興建祭壇。

在其它地區亦流傳著瑤池的神話。如位於粵東潮州鳳凰山脈烏山東峰頂部的鳳凰天池，即爲傳說中的西王母沐浴之處，並設碑文記之。本人曾於 2002 年瞻仰此地。天池海拔約 1325 米，面積爲 76 畝，池面風雲瞬息萬變。時而波浪滔天，時而水波不興，給秀麗的湖水，平添幾分神幻。

民間還流傳著西王母與七仙女之神話，將西王母進一步世俗化，把她與玉帝聯繫起來，讓他們生了七個女兒，名爲「七仙女」，其中最小的女兒私自下凡與董永結爲夫妻。如今「董永與七仙女傳說」已被列入我國非物質文化遺產名錄，講述七仙女故事的黃梅戲《天仙配》亦已成爲經久不衰的舞臺經典劇目。

民俗、神話與宗教密不可分，已爲學界所共識。神話世界對宗教信仰模式的參與，是長期以來各種宗教的共同特徵之一。宗教神祇系統的建立，與由原始神話形成的民俗信仰、原始宗教構成了某種程度上的重合，或謂同源現象，西王母信仰亦如此。

二、道派諸神及民俗文化心理

（一）雷神信仰與雷州民俗

雷神形象最早出現於《山海經》：「雷澤中有雷神，龍身而人頭，鼓其腹，在吳西。」〔註20〕

降至唐宋，民間雷神信仰尤甚。在雷神形象的歷史演變中，世人對雷神形象的塑造呈現出典型的人格化傾向。隨後，道教沿用了民間社會的人格化方式，構想了可供道士召遣役使的龐雜的雷部諸神系統。隨著雷部諸神體系的建立，世俗心理也完成了由畏懼、敬畏雷神，向「策役」雷神，使之濟物利人的轉變。

〔註20〕元陽眞人：《山海經・海内東經》卷十三，雲南科技出版社，1994 年版。

　　唐宋文人筆記中，多有雷神霹打不孝子和不法商人之事，反映了人們對雷神之敬畏心理，以及期望它主持正義之願望。如《九天應元雷聲普化天尊玉樞寶經》籍普化天尊之口，向雷師皓翁講經說法，命對「不忠君王，不孝父母，不敬師長」者，「即付五雷斬勘之司，先斬其神，後勘其形，……以至勘形震屍，使之崩裂。」〔註21〕道經中稱，雷神執掌五雷，是眾生之父，萬靈之師，掌握生殺大權，專門懲處惡人。關於「五雷」，有多種說法；如謂其為天雷、水雷、地雷、神雷、社雷等。道教即有五雷天心正法之術，相傳宋朝道士林靈素擅長此法，能興雲致雨，役使鬼神，驅邪治病。

　　據道家《九天應元雷聲普化天尊玉樞寶經》，雷神是雷部的最高天神。它「主天之災福，持物之權衡，掌物掌人，司生司殺」。他下轄一個複雜結構的雷神組織。《明史·禮志四》載：（弘治元年）「雷聲普化天尊者，道家以為總司五雷，又以六月二十四日為天尊現示之日，故歲以是日遣官詣顯靈宮致祭」。

　　《重修緯書集成·春秋合誠圖》記曰：「軒轅，主雷雨之神也。」《歷代神仙通鑑》卷四曰：「（黃帝）封號為九天應元雷聲普化真王。所居神霄王府，在碧霄梵氣之中，去雷城二千三百里。雷城高八十一丈，左有玉樞五雷使院，右有玉府五雷使院。真王之前有雷鼓三十六面，三十六神司之。凡行雷之時，真王親擊本部雷鼓一下，實時雷公雷師興發雷聲也。雷公印入雷澤而為神者也。力牧敕為雷師陽翁。三十六雷，皆當時輔相有功之臣。」現存《道藏》收有《九天應元雷聲普化天尊玉樞寶經》等書多種。

　　唐末五代時著名的「道門領袖」杜光庭刪定的《道門科範大全集》，將風伯雨師、雷公電母作為乞求雨雪的啟請神靈，北宋後的雷法道士又以之為施行雷法的使役神。北宋末興起的神霄，清微諸派，以施行雷法為事。聲稱總管雷政之主神為「九天應元雷聲普化天尊」，雷師、雷公為其下屬神。

　　「雷神」為雷州人之圖騰崇拜物。明代道藏本《搜神記》和《三教搜神大全》中有關於雷神與雷州之記載：《搜神記》卷一曰：「舊記云：陳太建（569～582）初，（雷州）民陳氏者，因獵獲一卵，圍及尺餘，攜歸家。忽一日，霹靂而開，生一子，有文在手，曰『雷州』。後養成，名文玉，鄉俗呼為雷種。後為本州島刺史，歿而有靈，鄉人廟祀之。陰雨則有電光吼聲自廟而出。宋

〔註21〕　《道藏》第 1 冊 761 頁，文物出版社、上海書店、天津古籍出版社聯合出版，1988 年版。

元累封王爵，廟號『顯震』，德祐（1275）中，更名『威化』」〔註22〕據清《續文獻通考》卷七十九，「宋寧宗慶元三年加封雷州雷神爲廣祐王。廟在雷州英榜山。神宗熙寧九年，封威德王，孝宗乾道三年，加昭顯，至是封廣祐王。理宗淳祐十一年，再加普濟，恭帝德祐元年，加威德英靈。」

　　隋唐以前之雷州半島原是毒瘴荊棘遍野，古木森森的少數民族居屬之地，那裡居住著以俚、僚、黎族爲主的土著部落。他們以刀耕火種爲生，獸皮樹葉裹身，在惡劣的自然環境中，經常遭受雷電風雨的襲擊。爲了抗衡大自然，百姓每年造雷鼓、雷車以祀之。大旱之時，雷人便宰殺三牲以祭雷神，他們搖鼓狂舞祈禱天雷降雨，求得風調雨順，人畜平安。雷州亦被稱爲「雷厲之地」。祈禱雷神降雨，已成爲我國獨特的民俗景觀與祭祀文化。

　　隨著雷州半島漫長的土著文化與漢文化彙融，移居到雷州半島的漢人承襲了土著的圖騰方式，將雷神作爲求雨祭祀之偶像膜拜禮敬。至近代，雷州半島各地還有雷公廟、雷神廟。雷祖祠。其雷圖騰崇拜既與華夏民族同源，又具顯著、濃重的地方色彩，成爲雷州半島民俗文化的一大特色。

　　位於雷州半島的「雷祖祠」建於唐貞觀十六年（642 年），至今仍香火不息。2006 年 11 月廣東古代文學年會時，我們曾參訪此處。「雷祖祠」祀雷神陳文玉。祠中雷王頭戴冠冕，身穿大紅袍，左右侍衛天將，其中一位捧著一隻卵形白色圓球物。堂廡兩側又有雷神十二尊拱立，還有雷公、電母、風伯、雨師諸神。其狀仿如清末黃斐然《集說詮眞》所繪：「今俗所塑之雷神，狀若力士，裸胸袒腹，背插兩翅，額具三目，臉赤如猴，下頦長而銳，足如鷹鸇，而爪更厲。左手執楔，右手執槌，作欲擊狀。自頂至旁，環懸連鼓五個，左足盤躡一鼓，稱曰雷公江天君。」

　　以「雷」冠名之雷州半島，每年都於雷祠舉行「開雷、封雷」之酬雷儀式。所謂「開雷」亦即「雷州換鼓」，是古代雷州人在雷祖洞內舉行的一種隆重的「條香」儀式。這是典型的雷文化。明代馮夢龍的《警世通言》第二十三卷《樂小舍拼生覓偶》之開篇提到：「從來說道天下有四絕，卻是雷州換鼓、廣德埋藏、登州海市、錢塘江潮」。「雷州換鼓」之景象有：眾拜天雷、萬民歌舞、鼓樂喧天、電閃雷鳴、大雨傾盆，奇觀無比。《雷祖志》記載著古代「雷州換鼓」儀式：「『雪車雷鼓等物，各以板函藏於廟內，令郡民當里役者依樣

〔註22〕《道藏》第 36 冊 258 頁，第 10 冊 882 頁，第 1 冊 761 頁，文物出版社、上海書店、天津古籍出版社聯合出版，1988 年版。

修造，逢上元日，齊候文武各官送入商致祭，名曰『開雷』。又辦酒席，官民同樂，祝得風調雨順，不然則歲悍年凶，自是有待則應，獲享國泰民安之福」。而當金秋時節，物阜民豐，又以虔誠的敬意與愉悅方式在雷祖廟、雷霆廟、雷神廟等處進行「封雷」儀式，祭雷過程方告結束。祭雷儀式結束前，由各部落相互交換贈送銅鼓，互相祝願，最後由各族老列隊行至「雷壇」前，按順序擊鼓三槌，以圖吉祥，期望在新的一年裏風調雨順，五穀豐登。儀式結束後，凡求雨、求財、求功名、求子嗣、求平安的，經允許可登壇一擊。從開雷到封雷，始末交替，輪番進行，高潮迭起，堪稱民俗盛儀及藝術經典。這種由自然景觀衍生出來的類於史詩般的民間祭祀活動「雷州換鼓」，傳承至近代。

「雷州換鼓」亦引起當今學者的極大關注。2005 年，在雷州召開了「雷州換鼓」之學術研討會。與會者圍繞「雷州換鼓」產生的歷史背景，對其實質與真相提出了多種看法，代表性的觀點為：其一，「雷州換鼓」是純自然景觀；其二，認為它是人文祭祀活動；其三，認為它是神秘的「天人互應」現象，在民眾祭雷之時會出現風雨交加、電閃雷鳴的天兆。〔註23〕「雷州換鼓」之真相難察，更賦予了人們以無限的想像空間。如果能再現換鼓之場景、表演、音樂、道具和規模，應將是一場無與倫比的藝術盛宴。

雷文化外延在雷州不斷擴展，進一步涉及到語言、文學、藝術、科技、宗教、民俗等領域的諸多課題，內容相當豐富。如雷州方言為「雷話」（閩南與中原語系及本地語混雜）；民歌為「雷歌」；戲劇為「雷劇」；廟為「雷王廟」、「雷祖祠」；山，為擎雷山；水，為擎雷川；儺舞以雷公面具「參祭天公」；地名則為：雷陽、雷東、雷北、雷高等；姓氏亦以雷姓者居多。無數與雷相關的傳說故事，構成了色彩斑斕的雷州雷民俗文化大觀。

（二）文曲星與包龍圖信仰

文曲星亦即「文昌帝君」，為道教尊奉，司人間文運、功名、祿位之星神。據《搜神記》載，他上管天界各種仙籍，中管人間壽夭禍福，下管十八地獄輪迴。道經稱文曲星為北斗第四星。其勸人廣行陰騭，努力提高道德修養，人間競相供奉之。文曲星尤為文人學士所推崇。《儒林外史》中有舉士人皆為天上的文曲星下凡之說。道教以二月初三為文昌帝君之誕辰，各地土人亦於是日舉行文昌廟會，相沿成俗。

〔註23〕 參看：《湛江晚報》，2005 年 5 月 24 日。

　　《道藏》和《道藏輯要》中以文昌降筆的經典頗多，如道教之《文昌大洞仙經》卷一、二，述文昌帝君之經歷、德行及此經之產生、要旨。其中流行最多的是宋元時所出的《文昌帝君陰騭文》，該書宣稱：文昌帝君「救人之難，濟人之急，憫人之孤，容人之過，廣行陰騭，上格蒼穹。」其訓於人曰：「行時時之方便，作種種之陰功，利物利人，修善修福。正直代天行化，慈祥為國救民，忠主孝親，敬兄信友。或奉真朝斗，或拜佛念經，報答四恩，廣行三教。」為道教三大勸善書之一，在民間影響極大。《陰騭文》，所謂「陰」，即「默」；「騭」，即「定」。意謂天雖不言，但於冥冥之中監督人之善惡行為而降賞罰。

　　《包待制出生傳》中，稱包拯為「上方文曲星」〔註24〕。書中道，化為賣卦先生之太白星，為包拯算命，說他「二十九上及第狀元濠州知縣，又做陳州安撫改除汴梁府主」。《明成化詞話叢刊》之九《劉都賽上元十五夜看燈傳》亦曰：「○○文武說交真，文曲星官包丞相，武曲星官狄將軍。」

　　「文曲星」包龍圖手下猛將數名，輔助其大業，「日判陽間不平事，夜審地獄冤屈案」。文有公孫策，武有展昭，以及張龍、趙虎、王朝、馬漢。公孫策，精於觀人之術，醫卜星相、奇門數術；展昭，世稱「南俠」，其行俠仗義、武藝超群。

　　《包龍圖斷白虎精傳》引言曰：「包相清正如秋水，日判陽間夜判陰，有人犯到包家手。援樹連枝要見根，三十六件無頭事，盡被包家斷得清。」〔註25〕

　　民間傳說中的「文曲星」包拯（999～1062）即為「廣行陰騭，上格蒼穹」之清官。他剛正不阿，直言敢諫，曾經向仁宗皇帝上疏《乞不用贓吏》，認為清廉是人們的表率，而贓官則是民賊。他任諫官時候，三次上奏彈劾外戚。他曾經出任京東，陝西，河北等路轉運使，每至一地，都以改革苛政、發展生產、減輕民役為己任，提出寬民利國的為政思想，其中《陳州糶米》的故事被改編成戲劇，家喻戶曉。北宋時候的開封府雖然地處京畿，但是民風粗獷，魚龍混雜，一向號稱難治。包拯後來以龍圖閣學士權知開封府，他執法嚴明，鐵面無私，在一年內就將開封治理得井井有條。

〔註24〕《明成化詞話叢刊》之四，上海市文物保管委員會、上海博物館 1973 年之影印本。

〔註25〕《包龍圖斷白虎精傳》，《明成化說唱詞話叢刊》之八。

至今，在北宋時期之天下首府「開封府」，仍可感受到濃鬱的包拯民俗文化氣息。開封人民為了紀念他，以「包府」代稱開封府。八十年代重建的「開封府」，氣勢恢弘，巍峨壯觀，與位於包公西湖的包公祠相互呼應，形成了「東府西祠」。開封府依北宋營造法式建造，以正廳、議事廳、梅花堂為中軸線，輔以天慶觀，明禮院，潛龍宮，清心樓，牢獄，英武樓，寅賓館等五十餘座大小殿堂。開封府歷史與演義相映成趣。在開封府，除了能夠看到大批珍貴史料，軼事和陳展外，還能夠看到「開衙儀式」、「包公斷案」等豐富多彩的民俗表演，使人真切地體會到「拜包龍圖，領略人間正氣」。

據《宋史》記載，二十年的仕宦生涯中：「拯立朝剛毅，貴戚宦官，為之斂手，聞者憚之。人以包拯笑比黃河清，閭里童稚婦女亦知其名，呼曰『包待制』。京師為之語曰『關節不到，有閻羅、包老。』舊制，凡訴訟不得徑造庭下。拯開正門，使得進前陳曲直，吏不敢欺」。「拯性峭直，惡吏苛刻，務敦厚」。「與人不苟合，不偽辭色悅人」。「平居無私書，故人、親黨皆絕之。」〔註26〕包拯事迹廣為傳頌，形象被神化。人民對包拯的思念和頌揚，實則表達了對清明政治的嚮往與追求。而其企盼清官的情結則源於整個社會法治的缺失。

至今，在合肥市還矗立著「包公孝肅祠」，祠堂建於清光緒年間，殿後有李鴻章撰寫的《重修包孝肅祠記》石碑。大殿上端坐著包拯的高大塑像，兩壁是幾副楹聯。祠內陳展有包公銅像，兩側則為王朝、馬漢、張龍、趙虎四護衛，更有令貪官污吏聞之喪膽的龍頭、虎頭、狗頭三口鍘刀；其中還陳列了臺灣高雄縣捐資一萬二千美元鑄製的銅鍘三口。包公斷案蠟像館內有三幕栩栩如生的場景：怒彈國丈張堯佐、鍘美案和打龍袍，鮮明逼真地再現了包公清正廉明、執法如山的形象。

「包公祠」不遠處，與之緊緊相連的是「包公墓」。墓園內遷安了包拯及其夫人、子孫的遺骨。包拯曾云：「後世子孫仕宦有犯贓者，不得放歸本家，死不得葬大塋中。不從吾志，非吾子孫也。」故有「不肖子孫，不得入墓」之傳說。整個墓園莊重肅穆，寓包拯稟性峭直、剛毅之意。令觀者無不油然而生敬意。

包拯之清名傳於天下，南宋和金已經有以他為主人公的故事、小說和戲曲，元雜劇中亦有大量的包公戲。筆者所見之全套《明成化說唱詞話叢刊》

〔註26〕《宋史》第 316 卷《包拯傳》，

（1967 年於上海市嘉定縣出土，現藏於湛江圖書古籍館），共十二本。其中涉及包龍圖傳說八種：《包待制出生傳》、《包龍圖陳洲糶米傳》、《仁宗認母傳》、《包龍圖公案斷歪烏盆傳》、《包龍圖斷曹國舅公案傳》、《張文貴傳》、《包龍圖斷白虎精傳》和《師官受妻劉都賽上元十五夜看燈傳》〔註 27〕。皆充分展現了鐵面無私的包龍圖之感人形象與人格魅力。

　　千百年來，包拯作爲不朽的清官形象，跨越時空，爲古今中外崇尚清廉的人們所敬重。包拯的戒廉詩更堪爲「爲政者師」，體現了廣大民眾的意願。當今賦予包拯精神以新的內涵，必將有利於促進社會風氣的根本好轉與和諧社會的創建。

三、道門學者及典籍詮釋之民俗

　　道教從漢初創立至今經歷了近二千年的發展歷史。道教經籍數量龐大，主要有《正統道藏》、《道藏輯要》、《萬曆續道藏》等，涉及哲學、倫理、醫藥、內丹、外丹、易學、美學、天文、地理、膳食、養生、音樂、數術、方術、美容、建築、美術、曆算、冶煉、生物、服飾、民俗、旅遊、處世、神話和仙話等。其對於古老中華民族的政治、社會、家庭、個人生活和宗教活動等，皆產生了廣泛而深遠的影響。同時，對於人們的思維方式、倫理、道德、民俗、民族關係、民族心理、民族性格諸方面，亦產生了深刻影響，在中國傳統文化中佔有重要的地位。

　　道教信仰「神仙」是「道」的形象化體現，得道成仙乃道士修道的目標和畢生的追求。在漫長的道教歷史發展進程中，道門學者們逐步建構了眾多的道教神靈，形成了一個複雜而龐大的神仙信仰體系，即先天之聖、後天仙眞和道教民俗神。這一神靈體系及信仰之民俗都融入在道教典籍之中。

　　道教神話譜系中之眾仙，既包括原始神話中之自然神、祖先神、人格神等，又不乏地方神、民間所造之神。前者可溯至道門學者晉郭璞（276～324）所注之古巫書《山海經》。郭璞被道教奉爲仙人，《洞仙傳》記曰：「得尸解之道，今爲水仙伯。」據《搜神記》記載，其善作卦。曾爲「買婢」、「降怪」之事而作卦。〔註 28〕古傳《山海經》乃禹、益所作。漢代劉繡《上山海經表》曰：「《山海經》者，出於唐虞之際……禹別九州島，任土作貢，而益等類物

〔註27〕拙文：《明成化詞話之包龍圖系列論》，明代文學國際研討會議發表，2007年。
〔註28〕參見《搜神記》卷三、卷四。

善惡，作《山海經》」。《越王無余外傳》亦曰：「（禹）與益、夔共謀，行到名山大澤，召其神而問之，山川脈理、金玉所有、鳥獸昆蟲之類，及八方之民俗、殊國異域、土地里數：使益疏而記之，故名之曰《山海經》。」《山海經》中之神，有山、河、湖之神，有日、月之母，有祖先神、地方神，亦有祭祀之禮儀。如《山海經·北山經》卷三曰：「凡北次三經之首，自太行山以至於無逢之山，凡四十六山，萬二千三百五十里。其神狀皆馬身而人面者廿神，其祠之，皆用一藻茞瘞之。其十四神狀皆彘身而載玉。其祠之，皆玉，不瘞。其十神狀皆彘身而八足蛇尾。其祠之，皆用一璧瘞之。大凡四十四神，皆用稌糈米祠之，此皆不火食。」在《海經》中，亦記載了不少國家與民情風俗，如羽民國、不死民、反舌國、三首國、長臂國、三身國、一臂國、奇肱國、丈夫國、巫咸國、女子國、軒轅國、白民國、長股國、一目國、大人國、無腸國、夸父國、黑齒國、玄股國等。其世系記載，上起太昊，下至商周，包括了上古史大部分帝王和著名首領。其中炎帝、黃帝、少昊等的世系記載，對於考古學、民俗學的研究具有重要價值。

郭璞引用了古易《歸藏》中的諸多材料疏通《山海經》之文意，豐富其內涵，大大增強了其學術價值。故《山海經注》被明《正統道藏》列為道教經典，並為後世學者研讀之藍本。

東晉時期著名的道教領袖葛洪（約283～363）所撰之《神仙傳》，書中所錄神仙凡八十四人，皆為魏晉以前所記之神仙。《神仙傳》在《山海經》、《淮南子》和《列仙傳》等基礎上進一步傳遞神仙信仰。如《神仙傳·序》中曰「余今復抄集古之仙者，見於仙經服食方及百家之書，先師所說，耆儒所論，以為十卷，以傳知真識遠之士。其係俗之徒思不經微者，亦不強以示之矣。則知劉向所述，殊甚簡要，美事不舉。此傳雖深妙奇異，不可盡載，猶存大體。偶謂有愈於向，多所遺棄也。」傳中描述了種種服食術、房中術、行氣術、變化術和預測術，臚列仙迹，纖悉不遺，乃至積善、忠孝、仁信之道德，無不涉獵。通過葛洪整理和排序，使道教神仙系統進一步規範化，不僅適應了道教自身發展的需要，亦適應了當時社會的需要。

南朝齊梁時著名道教學者陶弘景（456～536）稱十歲得葛洪《神仙傳》，「晝夜研尋，便有養生之志」。永明十年（492）他正式歸隱茅山後，便著手整理弘揚上清經法，撰寫了大量重要的道教著作，據統計，其全部作品達七八十種。其所著之《真靈位業圖》，第一次將十分龐雜的神仙群按神位進行編

序排列，有天神、地祇、人鬼和諸多仙眞，約三千名，以七個等級排列，爲此後的神譜編製奠定了基礎。

隋唐五代時期杜光庭著《道門科範大全集》，其中卷一至卷三，對「三清」之後所列神靈進行了排序，進一步豐富和發展了道教的神仙譜系。南宋金允中又在此基礎上進行了補充和完善，在其《靈寶領教濟度金書》中，將三百六十位神仙名單，按其性質、品第，分爲十一個等次，成爲了道教神仙譜系最後編定的標誌。

道教神仙譜系的形成，不僅體現了道門學者及道徒們對神靈信仰的追求，反映了他們對中國古代宗教、神話、民間信奉的眾神：道君、天尊、天帝、帝君、元君、眞君、仙君、嶽鎮海神、仙眞眾聖等的崇拜、敬畏與追隨，亦同時可顯現在道教思想、文化，與宗教活動影響下形成的民俗文化心理印迹，或神崇拜之民俗文化現象：即崇拜各種信仰神靈，對於極樂世界與生命質量的追求，對於「七十二福地」〔註 29〕神仙世界的嚮往、對於超脫劫難、能力非凡的祈望、對於崇高道德境界的仰慕……這種種信仰被物化爲形形色色、數以萬計的宮觀廟宇、名山聖境，及相應的祈禳齋醮科儀活動，以及各種民俗文藝形式，使其流播久遠，經久不衰。

這種宗教信仰之民俗文化載體則往往以詩詞、小說、民歌、戲曲、諺語等形式傳達。如詩詞有道教遊仙詩：「京華游俠窟，山林隱遁棲。朱門何足榮，未若託蓬萊。臨源挹清波，陵岡掇丹黃。靈溪可潛盤，安事登雲梯。漆園有傲吏，萊氏有逸妻。進則保龍見，退爲觸藩羝。高蹈風塵外，長揖謝夷齊。」（郭璞）這首充滿了神仙氣息的詩，用語俊逸，表達了作者效法莊周、老子，隱遁山水之意願。又如魏晉南北朝時期出現的描寫道教名山、宮觀之景，抒發道教教義的「涉道詩」。南朝劉宋人吳邁遠《遊廬山觀道士石室詩》：「蒙茸眾山裏，往來行迹稀。尋嶺達仙居，道士披雲歸。似著周時冠，狀披漢時衣。安知世代積，服古人不衰。的我宿昔情，知我道無爲。」刻畫了廬山觀道士的仙居生活及情調，詩高義遠。

再如表現道教齋醮儀式的步虛詞。《樂府古題要解》云：「步虛詞，道家曲也，備言眾仙縹緲之類。」其內容多爲對神的讚頌、祈禱。隨著道教的發展，步虛詞已成爲一種與音樂密切的民俗文藝，爲道內外人士所喜愛。其爲

〔註 29〕據《雲笈七籤》卷 27 載，即地肺山、蓋竹山……據稱以上福地，皆上帝命眞人治之，其間多得道之所。

道教做齋醮法事時所吟唱，故道教中人一般都擅長此道。如隋唐詩人庾信詞作：「洞靈尊上德，虞石會明真。要妙思玄絕，虛無養令神。丹丘乘翠鳳，玄圃馭班麟。移梨付苑吏，種杏乞山人。自此逢何世，從今復幾春。海無三尺水，山成數寸塵。」洋溢著詞人玄思宇宙，凝神天地之遐想。

道教神仙詩、詞中，亦有不少傳世佳作。如道門學者司馬承禎、葉法善、吳筠、魚玄機等都是著名的神仙詩、詞人。吳筠所作《高士詠》五十首：「大名賢所尚，寶位聖所珍。皎皎許仲武，遺之若纖塵。棄瓢箕山下，洗耳潁水濱。物外兩寂寞，獨與玄冥均。」冥想中謳歌了道教所崇奉的神仙人物，展現了修道的生活情趣與道教哲理，同時表現了道教所倡的「物我兩忘，心合大道」之境界。道教之人生觀、倫理道德觀和價值理念等，已深深地融入傳統民俗文化心理之中。

流行於金元之後的「道情」，是一種與道教密切相關的戲曲藝術形式，因古代道士念經、演唱、誦詠道教中的情理而得名。道情產生於唐代。《唐書·禮樂志》：「調露二年（679）高宗命樂工製道調，祀老子」。芝庵曰：「道家唱情，釋家唱性，儒家唱理，故曰唱道情，或曰道情，即道情調也」。「道情」最早是在道教觀內詠唱的「經韻」，文體為詩贊體。後來吸收了詞調、曲牌，演變成為民間布道時演唱的「道歌」。唐代道教盛行，道教已為國教。為了維護道教的地位，爭取信徒，道士在道院大唱道經故事，招徠聽眾。又採用民間故事和歷史傳說故事來演唱，遂將道院中之說唱播至民間。亦經藝人的創新、改造，「道情」深入民心，流傳至今。著名的陝北《翻身道情》，即是一首根據道情音調填詞而成的民歌。其源頭淵源於道教道曲。道情漸趨成熟之後，即脫離道教道曲母體而獨行於世，並在發展過程中不斷地完善自身。

大約在東晉南北朝時期的許多道經中，往往有所謂「諸天妓樂」的描寫，如：道教《無上秘要》卷二十之《道迹經》：「西王母為茅盈作樂，命侍女王上華彈八琅之，又命侍女董雙成吹雲和之笙，又命侍女石公子擊昆庭之金，又命侍女許飛瓊鼓震靈之璜，又命侍女琬絕青拊吾陵之石，又命侍女范成君拍洞陰之磬，又命段安香作纏便之鈞，於是眾聲徹合，靈音駭空。王母命侍女於善賓、李龍孫歌玄雲之曲，其辭曰：「大象雖云寥，我把九天戶。披雲泛八景，倏忽適下土。」

上述各種形態的道教文藝從演出場合到藝術形態和內容，乃至服飾、道具等，無不體現了道教對豐富多彩的民俗文化活動的參與。這種凝聚於

中國民俗事象中的道文化因子，呈現出中華民俗文化特有的人文氛圍與精神。

又如馬致遠（1250～1321）之神仙道化劇；《呂洞賓三醉岳陽樓》、《西華山陳摶高臥》《邯鄲道省悟黃粱夢》和《馬丹陽三度伍風子》皆涉及全眞教事迹。作品傳達了作者對人生虛幻，不可把握的無奈與喟歎，以及遺世獨立、修眞悟道之主旨。《岳陽樓》終結，詩人和呂洞賓一樣，在悲觀消沉中選擇了避世哲學；《黃粱夢》表達了作者鄙視功名利祿，懷疑和否定既定的封建秩序、倫理道德與社會現實，最終超然世外；同樣，《伍風子》中的伍風子，《陳摶高臥》中的陳摶，亦皆選擇了修道悟道之途。

明代小說《西遊記》曾引起清代道教學者的關注和研究，清初汪象旭寫了本《西遊記證道書》，後來又出現悟元子、悟一子、張含章、張書紳等人，皆從道教的角度來研究《西遊記》。當然《西遊記》並非道教修煉之書。然書中卻構築了一個龐大而有序的道組織機構，構築了一個以玉皇大帝爲核心的道教神祇、神官系統。前者如：三清尊神、玉皇大帝及其臣屬與各種星君，如太乙天尊、紫陽眞人、東華帝君、如意眞君、西王母、四大眞人（張道陵、葛玄、許旌陽、丘處機）二郎神、八仙；後者如：王靈官、東方朔與地方神仙系列（土地神、城隍神、門神秦瓊、尉遲恭），以及雷神，電母、風婆，雨師、龍王等；還有龍宮、地府。加之妖魔鬼怪：九頭獅子精、平頂山金角大王、銀角大王、青牛精、多目怪等。書中不乏道情、道法之描寫，乃至清代某些學者判定《西遊記》爲元初道士丘處機所寫。

具有道教文化色彩的諺語、成語在道教盛行後更是層出不窮，流播久遠，影響至今。如諺語：「洞中方七日，世上幾千年」（《列仙傳·王子喬》）「千里之行，始於足下」（《道德經》）「姜太公釣魚，願者上鈎」（《歷代眞仙體道通鑒》）「一人得道，雞犬昇天」（《神仙傳·劉安》）「八仙過海，各顯神通」（《東遊記》）「魔高一尺，道高一丈」（《西遊記》）。此外，出於《沖虛至德眞經》、《南華眞經》、《搜神後記》、《三教搜神大全》、《神仙傳》等道教典籍中的成語如：料事如神、雲遊四海、杞人憂天、心猿意馬、愚公移山、人生如夢、庖丁解牛、世外桃源、滄海桑田等等，這些傳世的具有極強表現力的金玉良言，不僅爲修道之士所崇奉，亦爲廣大民眾所熟知，成爲傳統民俗文化之瑰寶。

附錄三　東西方文化碰撞中的
　　　　　近代中國文學

　　本文通過描述近代文藝思潮、文學創作，探討了近代文學近代化的歷史過程。力圖反映出近代世道巨變與學術巨變之關係，展現出其西化，蛻化後獨創的文學面貌及其特徵。

一、昨夜西方凋碧樹，獨上高樓望盡天涯路

　　王國維在《文學小言》中曾談到：「古今之成大事業、大學問者，不可不歷三種之階級：『昨夜西方凋碧樹，獨上高樓，望盡天涯路』。此第一階級也。『衣帶漸寬終不悔，爲伊消得人憔悴，』此第二階級也。『眾裏尋他千百度，回頭驀見，那人正在燈火闌珊處。』此第三階級也。未有未閱第一、第二階級，而能遽躋第三階級者也，文學亦然。」〔註1〕

　　回顧中國近代文學的發展歷程，的確可以此三個階級來概括。王國維以爲：「今日之學未有西學不興而中學能興者，亦未有中學不興而西學有興者」；「學問之事，本無中西」。傅斯年指出：「學術等爲時勢所迫概行變遷，則文學亦應隨之以變遷。」周作人認爲「須得擺脫歷史的因襲思想，眞心的先去模仿別人」之後才能「蛻化出獨創的文學來」。處於世道巨變、學術劇變之時代，舊學蛻變爲新學，開拓嶄新的學術，已爲時賢所共識。在第一階級中，近代文學以極高的熱情去擁抱西方的新思想、新文化，經歷了「獨上高樓望盡天涯路」的過程。

─────────────

〔註 1〕《教育世界雜誌》，《文學小言》十七則，王國維，1906 年。

（一）俗語文體之嬗進

文學革命者首先注目於文學之「工具」（形式）及其「方法」之革命，他們強調「言文一致」，「應專用俚語，廣著群書。」指出「俗語文體之嬗進，實淘汰優勝之勢所不能避也」，「由古語文學變爲俗語文學，爲文學進化之關鍵」。對於白話文的倡導與論爭貫穿近代文學的始終。

1897 年，梁啓超在《變法通議・論勸學》篇中提出言文一致的主張，他認爲「今人出話，皆用今語，而下筆必效古言，故婦孺農氓，靡不以讀書爲難事」，「應專用俚語，廣著群書」。〔註 2〕嚴復、夏曾佑在《國聞報附印說部緣起》中，指出以其語言文字，爲種人行用，與口語相去甚近，雖繁言則如畫之能歷於腦，且其多言日習之事，虛構以快人心，故易傳也。裘廷梁在《論白話爲維新之本》中，認爲民智則國強，而欲民智，必須從言文合一入手。並總結了白話之八益：省目力、除驕氣、免枉讀、保聖教、信幼學、練心力、少棄才和便貧民。又道文言是「愚天下之具」，白話是「智天下之具」。「白話行而後實學興，實學不興，是謂無民」。〔註 3〕裘廷梁由於創辦了《無錫白話報》並編輯《白話叢書》，被譽爲我國提倡白話的先驅。梁啓超亦認爲，由古語文學變爲俗語文學，爲文學進化之關鍵。苟欲思想之普及，小說家當用俗語，「凡百文章，莫不皆然。」〔註 4〕楚卿則進一步將文字分爲「傳世之文」與「覺世之文」，提出：「傳世之文，則與其繁也，毋寧其簡；覺世之文與其簡也，毋寧其繁」，並強調：「俗語文體之嬗進，實淘汰優勝之勢所不能避也。」〔註 5〕《小說林》社的《母夜叉・閒評》中，譯者提出非白話不足以傳達原著神韻：「不拿白話去刻畫他，那骨頭縫裏的原液，吸不出來」。〔註 6〕仲密認爲平民文學是與貴族文學在精神上相反的文學。這是「以普通的文體，記普通的思想與事實，「以眞摯的文體，記眞摯的思想與事實」的文學。它也「決不單是通俗文學」，「不以通俗爲唯一目的」。「也決不是慈善主義的文學」。〔註 7〕它是意欲將平民的生活提高的文學。

〔註 2〕《時務報》，《變法通議・論勸學》，梁啓超，16～19 冊，1897 年。

〔註 3〕《論白話爲維新之本》，（《無錫白話報》，裘廷梁，19、20 期，1897 年。

〔註 4〕《小說叢話・序》，《新小說》飲冰，1 卷 7 號，1903 年。

〔註 5〕《論文學上小說之位置》，《新小說》楚卿，1 卷 7 期，1903 年。

〔註 6〕《小說林》，《母夜叉・閒評》，1905 年。

〔註 7〕《平民文學》，《每周評論》5 號，仲密，1919 年。

　　這一時期各種白話報亦紛紛創刊，如：1897 年上海的《白話演義報》，1901 年《蘇州白話報》、漢口的《憲政白話報》；1903 年創刊於上海的《中國白話報》、文明編輯譯印書局的《智群白話報》，和留日學生於東京創刊創辦的《新白話報》月刊，以及湖南長沙演說通俗報館創刊的《湖南演說通俗報》；1904 年創辦的蕪湖《安徽白話報》、《湖州白話報》；1909 年上海創刊的《揚子江白話報》等。

　　1919 年，魯迅曾以唐俟的筆名在《新青年》上發表了《現在的屠殺者》一文，抨擊了說「白話鄙俚淺陋，不值一哂」的「雅人」，揭露他們不能終日高雅，「只能在呻吟古文時，顯出高古品格，一到講話，便依然是『鄙夷淺露的白話』」。認爲這是些「吸著現在的空氣，卻偏要勒派朽腐的名教，僵死的語言，侮蔑盡「現在的屠殺者。」〔註 8〕同年，傅斯年在《白話文學與心理的改換》中提出眞白話文學的三種素質：用白話做材料，有精工的技術，有公正的主義。仲密在《思想革命》中提出「合文字與思想兩者而成」。「文字改革是文學革命的第一步，思想改革是第二步，卻比第一步更爲重要。」〔註 9〕胡適在《建設的文學革命文學》中提出「國語的文學，文學的國語」是新文學將設的「唯一宗旨。」並指出「死文字決不能產出活文學」，「中國文學凡是有一些價值，有一些兒生命的，都是白話的，或是近於白話的」。因爲這是由文學的性質決定的。「一切語言文字的作用在於達意表情，達意達得妙，表情表得好，便是文學」，若要活文學，必須用國語。」只管「努力地去做白話的文學」。〔註 10〕他認爲將來造就中國國語的人，就是創造白話文學的人。文章提出創造新文學可分三步走：工具、方法、創造。其中工具是白話，方法是指收集資料、結構、描寫，這可以向西方名著學習。這兩步做好了，就可進入創造新文學的階段。錢玄同稱：「適之是第一個提倡新文學的人」他「以身作則」。〔註 11〕《嘗試集》用白話寫成，表現了令人佩服的勇氣。並指出「用今語達今人的情感，最爲自然」。做白話文學，「寧失之於俗，不要失之於文。」王國維亦在《論新學語之輸入》中指出：「言語者，思想之代表也，故新思想之輸入即新言語輸入之意味也」。

　　這一時期倡導白話文的理論文章還有：傅斯年的《怎樣做白話文》、《白

〔註 8〕　《新青年》，《現在的屠殺者》唐俟，6 卷 5 號，1919 年。
〔註 9〕　《每周評論》，《思想革命》仲密，1 號，1919 年。
〔註 10〕　《新青年》，《建設的中國革命文學》，胡適，第 4 卷 4 號，1918 年。
〔註 11〕　《新青年》，《嘗試集‧序》，錢玄同，第 4 卷 2 號，1918 年。

話文學與心理的改換》，朱希祖的《白話文的價值》姚鵬圖的《論白話小說》等。1918 年 1 月，《新青年》開始正式使用白話和新式標點符號。同年 5 月 15 日 4 卷 5 號起，全部改用白話。

文學革命者從倡導言文一致；到認識白話文是文學進化的關鍵；進而在此基礎上主張雅文俗語共賞；最終以白話取代了文言，邁開了文學革命的第一步。

對於白話取代文言文學，當時亦有不同的聲音。如平子在《小說叢話》中，表示不同意夏慧卿《小說原理》中所謂小說入俗之說，認為士人亦須讀小說，「使其學界展寬」。〔註12〕

（二）形而上之學漸入於中國

在中國幾千年的歷史中，真正引起中國社會從經濟基礎到上層建築發生深刻變化的，僅有兩次：第一次是在春秋戰國。劇烈的經濟、政治變革反映在意識形態領域所表現出的豐富多彩的百家爭鳴；第二次是近代，即以 1840 年鴉片戰爭為標誌的中西文化碰撞，迫使中國進入半殖民地半封建社會，中西文化的交融也由淺入深，形成了近代中國思想文化領域的複雜多變。

近代中國在「師夷長技以制夷」的政策下，西方文化以蜂擁之勢進入中國，在中國社會掀起了一股全面歐化的熱潮。王國維在《論新學語之輸入》一文中指出：「十年以前，西洋學術之輸入限於形而下學之方面，故雖有新子新語，於文學上尚無顯著之影響也，數年以來形而上之學漸入於中國」。〔註13〕

在 20 世紀中國近代學術發展過程中，翻譯介紹外來學術思想，吸收外來思想以鎔鑄本土學術文化，是一個非常突出的文化現象。這種自覺的文化努力，在梁啟超、章太炎、王國維、嚴復、林紓、魯迅等 20 世紀最具代表性的學者論著中可以非常明確地感受到。

中國人面對帝國主義的侵略，首先從西方傳入能製造「堅船利炮」的自然科學，繼而是汲取旨在改變中國政治經濟結構的社會科學，與此同時，西方的哲學、美學、文學也被吸引過來。在近代中西文化交融中，影響最大的是進化論的唯物論。1898 年嚴復翻譯的《天演論》出版。這原是一部英國科學家赫胥黎介紹生物進化論的講稿，但其中「物競天擇，適者生存」的自然進化規律，給深陷亡國滅種危機之中的中國士人以極大的刺激。進化論的思

〔註12〕　《小說叢話》，《新小說》平子，第 8 號，1903。
〔註13〕　《教育世界雜誌》，《論新學語之輸入》，王國維，1905 年。

想被廣爲傳播。從文學研究的角度來審視嚴譯著作的意義，其中最有價值的是進化論觀念的引入，它打破了傳統循環論的思想模式，強調社會思想文化的演進是一個不斷進步、不斷突破的過程，而非盛衰輪迴的過程。這一觀點促進了文學研究朝新的方向發展，亦即走出傳統，接受新知，發現和研究新問題。諸如「崇白話而廢文言」、借助小說、戲曲等俗文學樣式開啓民智的主張。在馬克思主義傳入中國以前，進化論的唯物主義已成爲改良派和革命派進行改良或革命的主要精神武器和理論基礎。

　　章太炎曾以「聾者羨瞽者」之喻，表達了自己對於西歐先進文化思想的渴求，其《譯書公會敘》略云：「互市以來，所傳譯泰西書，僅逮四百種……雖然，聾者羨瞽者，瞽者羨明者，五大洲之冊籍，吾不能博發而揚誦之，吾則瞽矣。且新理日出，歲無留故，一息炭養更，其事立變。若喬木之移陰，若蛇蚹蜩蟻之移壤，而吾猶守舊譯，以成世之暗瞽，其焉能與之終古？……乃取夫東西朔方之報章，譯以華文，冠之簡端，使學者由唐陳而識宦奧」〔註14〕。康有爲標榜「新世瑰奇異境生，更搜歐亞造新聲」。〔註15〕魯迅意識到「國民精神之發揚，與世界識見之廣博有所屬」，故望「置古事不道，別求新聲於異邦」。魯迅《摩羅詩力說》，即爲中國介紹西歐進步文藝思想的第一篇論文。該文介紹了拜倫、雪萊、普希金、萊蒙托夫、密茨凱維支、斯洛伐支奇、克拉辛斯基、裴多菲八位詩人的生平和作品，指出他們「立意在反抗，指歸在動作。」〔註16〕高旭主編的《覺民》月刊，宣傳「今日宜守文明國之民族主義，而不宜守舊日之攘夷主義」。傅斯年《文學革新申議》指出，文學「與政治、社會風俗、學術等同本於一源」。「政治、社會風俗、學術等爲時勢所迫概行變遷，則文學亦應隨之以變遷」。文學革命「本時勢迫而出之」。〔註17〕王國維稱：「自癸卯之夏，至甲辰之冬，皆與叔本華之書爲伴侶之時代也」。他於 1903 年始，便潛心研究康德、叔本華哲學。據《靜安文集自序》云：「余之研究哲學，始於壬癸之間，癸卯春，始讀康德之《純理批評》，若其不可解，幾半而輟。嗣是，讀叔本華之書而大好之」。沈粹芬、黃人等編的《國朝文匯》序中，肯定清末「歐、和（日本）文化，灌輸腦界，異質化合，乃孳新種，學術思想，大生變革」。

〔註14〕　《譯書公會敘》章太炎，第 2 冊，1897 年。
〔註15〕　《與菽園論詩兼寄任公、孺博、曼宣》，康有爲。
〔註16〕　《河南》，《摩羅詩力說》魯迅，第 2～3 期，1906 年。
〔註17〕　《新青年》，《文學革新申議》傅斯年，第 4 卷 1 號。

　　一八九九年，梁啓超赴美國，抵檀香山，曾有《夏威夷遊記》記其事。其論詩一節，頗見新意：「宋明人善以印度之意境入詩，有三長俱備者。（新意境、新語句、古人之風格）……然此境至今日又成舊世界。今欲易之，不可不求之於歐洲。歐洲之意境、語句，甚繁複而瑋異，得之可以陵轢千古，涵蓋一切，今尚未有其人也。時彥中能為詩人之詩而銳意欲造新國者，莫如黃公度……夏穗卿、譚復生皆善選新語句，其語句則經子生澀語、佛典語、歐洲語雜用，頗錯落可喜。然已不備詩家之資格。」又云：「吾近好以日本語句入詩，見者以詫贊其新異。而西鄉乃更以入詩，如天衣無縫。……吾雖不能詩，惟將竭力輸入歐洲之精神思想，以供來者詩料可乎。」〔註18〕梁啓超尚從「文須補於世」之觀點出發，鼓吹「文界革命」。他創立的「新文體」深受日本散文家德富蘇峰之影響。其歐遊歸來，作《東歸感懷》一詩，云：「極目中原暮色深，蹉跎負盡百年心；那將涕淚三千斛，換得頭顱十萬金。鵑拜故林魂寂寞，鶴歸華表氣蕭深；恩仇稠疊盈懷抱，撫髀空吟《梁父吟》。」梁啓超亦曾在《新民叢報》發表《二十世紀太平洋歌》、《留別澳洲諸同志》詩等。一九零二年，梁啓超於《清代學術概論》中說：「自是啓超復以宣傳為業，為《新民叢報》、《新小說》等諸雜誌，暢其旨義，國人競喜讀之，清廷雖嚴禁不能遏。……至是自解放，務為平易暢達，時雜以俚語韻語及外國語，縱筆所至不檢束，學者競倣之，號新文體。老輩則痛恨，詆為野狐。然其文條理明晰，筆鋒常帶情感，對於讀者，則別有一種魔力焉。」他的這種筆鋒常帶感情」之「新文體」，即是「歐、和文化」與中國文化化合的產物。

　　魯迅、周作人編撰的《域外小說集》序言中，魯迅說：「異域文采新宗，自此始入華土，使有士卓特，不為常俗所囿，必將梨然有當於心，按邦國時期，籀讀其心聲，以相度神思之所在。則此雖大濤之微漚與，而性解思維，實寓於此。中國譯界，亦由是無遲莫之感矣。」李大釗在《俄羅斯文學與革命》中，評論了從十九世紀起到十月革命勝利期間俄國詩人與社會革命的關係，他讚揚普希金、涅克拉索夫、赫爾岑、車爾尼血夫斯基、杜勃羅留波夫等詩人、作家獻身社會革命運動的自我犧牲精神。李大釗在《庶民的勝利》〔註19〕和《布爾什維克的勝利》〔註20〕中，熱情地謳歌了俄國十月革命的偉

〔註18〕　《飲冰室合集・專集》之22，《夏威夷遊記》梁啓超。
〔註19〕　《新青年》，《庶民的勝利》李大釗，第5卷5號，1919年。
〔註20〕　《新青年》，《布爾什維克的勝利》李大釗，第5卷6號，1919年。

大勝利。胡適的《易卜生主義》、袁振英《易卜生傳》，羅家倫等人所譯易卜生劇本《娜拉》〔註21〕之後，易卜生的名字不脛而走，娜拉成為思想解放、婦女解放的楷模。在戲劇創作中，亦出現了一批以娜拉似的叛逆女性作作主人公的作品，形成早期問題劇創作的熱潮。

　　林紓在《譯林·序》〔註22〕中倡導，欲開民智，唯有譯書，尤以譯小說其效更速。並翻譯小說 150 多種。彼時湧現了大批譯介西歐文化、文學之作品：如黃榮良《歐遊隨筆》〔註23〕、邵徽譯《八十日環遊記》、宣樊子《美利堅自立記》和《菲律賓民黨起義記》，鄒崖逋《詠西史》、鳴鶴山人《旅行俄京日記》、佚名〈述歐美學園之發達〉、黃海峰郎《世界亡國小史》、逸人後裔譯《日本維新英雄兒女奇遇記》、中國男兒軒轅正裔譯述《瓜分慘禍預言記》、鍾樸岑氏所譯莎士比亞著《美風歐雲錄》、達文社譯印《海外奇談》》（最早自中譯本）佚民譯《威拉下民境域歌》、越南亡命客果南子述，梁啓超錄《越南亡國史》、惺庵《世界進化史》、梁啓超《新大陸遊記》、康有爲遊歷歐洲所作《歐洲十一國遊記序》、佚名《述歐美學園之發達》、林紓譯《拿破侖本紀》、冷血譯《虛無黨奇話》、孫毓修《讀歐美名家小說雜記》等。中國近代文學適應著「世情」和「時序」嬗變的要求萌生、滋長，而產生了新文學。

　　對西方史學的關注與研究亦爲中國學界提供了有益的借鑒。如梁啓超的《意大利建國三傑》（瑪志尼、加里波迪、加富爾）《匈牙利愛國者噶蘇士傳》、《近世第一女傑羅蘭夫人傳》等，這些作品令同時代中國的青年志士心往神馳，不能自己。梁啓超的小說《新羅馬傳奇》〔註24〕把那「意大利建國事情逐段摹寫，繪聲繪影，可泣可歌」。梁啓超的《歐洲戰役史論》是一部「灌輸國民常識」之史著〔註25〕，他編撰的《西學書目表》和《讀西學書法》，是我國近代第一部圖書分類法。前書將譯書分爲 28 類，收錄相關書目 300 餘種，對譯書、讀書都有自己的心得，於西學的介紹起到推進作用。其《中西學門徑》與康廣仁《新學僞經考》等，已成爲傳播西學，宣傳變法維新的有力思想武器。

　　被史學界稱爲「新思想界之陳涉」之梁啓超，早在光緒二十八年（1902）即在其《新史學》中，提出「史界革命」之口號，並著成《中國歷史研究法》

〔註21〕　《新青年》，「易卜生號」羅家倫等 4 卷 6 號 1918 年。
〔註22〕　《譯林·序》林紓，1901 年第 1 期。
〔註23〕　《萬國公報，《歐遊隨筆》黃榮良，第 139 冊，1900 年。
〔註24〕　《廣益叢報》，《新羅馬傳奇》，署名中國之新民（梁啓超）1903.5.6～1905.1.20。
〔註25〕　參見拙文《梁啓超歐洲戰役史論成書考述》，《人文研究》（香港）2006 年第 2 期。

及《中國歷史研究法補編》。他研究史學的視閾關涉中外古今，他對待西學的態度，亦如許冠三先生指出：「恰好是一個從迷信西學到擇善而取、從背離傳統到選優發揚的辯證過程。」他的史學思想開闊了學者的眼界，改變了學術研究的注經式思路。章太炎於 1902 年致函梁啓超，稱讚他「於歷史一科，固振振欲發抒者」。還曾將自己擬定的《中國通史目錄》請其校正。

二、衣帶漸寬終不悔，爲伊消得人憔悴

如果我們將出現於中國近代的改良主義文學和資產階級革命派所進行的變革實踐視爲「昨夜西方凋碧樹，獨上高樓望盡天涯路」之第一階段，那麼他們此後蓽路藍縷，發奮創作的歷程則不妨視爲「衣帶漸寬終不悔，爲伊消得人憔悴」之第二階段。

（一）中外文學交融之大舞臺

在引介西方文化與文學的同時，一些反映中國國情、文化與文學的文論、專著不斷湧現，這對於世界瞭解中國現狀，喚醒國人的歷史責任感具有時代意義。胡蘊玉《中國文學史·序》曰：「近歲以來，作者咸師龔、魏，放言倡論，冒爲經世之談……日本文法，因以輸入，始也譯書撰報，以存其眞，繼也厭故喜新，競摹其體，甚至公牘文報，亦效東籍之冗蕪，遂至後生小子，莫識先賢之文脈。」這類放言倡論之「經世之談」可見於：《亡國論》、《中國滅亡論》、《正仇滿論》、《義和團有功於中國說》、《駁革命駁論》、《黃帝紀年論》等 29 篇的《黃帝魂》（此書 1911 年增至 44 篇）；反映中外關係的《中外三百年之大舞臺》，《中外三百年商戰史》、《中國進化小史》，《世界亡國小史》，《瓜分慘禍預言記》、《洗恥記》；以及展望新世紀的《規新世紀》、《康南海送女同壁往美歐演 53 說國事……》、《二十世紀之支那》、《論文學與科學不可偏廢》、《論支那文學與群治之關係》、《中國女兒英雄史》等文。

這一時期的學術刊物重點是介紹西方科學文化，注重中國舊文化的創新，以導引中國人民對世界知識的注意爲宗旨，如：《通學報》、《集成報》、《湘學報》、《富強報》、《申報》、《經世報》、《新學報》、《求是報》、《國聞報》、《國聞彙編》、《譯書公會報》、《白話演義報》、《蒙學報》、《嶺學報》、《譯書彙編》（「首載盧梭《民約論》」）《游學譯騙》、《華英合文報》、《啓蒙畫報》、《女學報》、《新世界學報》、《萬國公報》和《翻譯世界》等。

　　封建專制與改良、革命派的鬥爭在當時表現得十分激烈。湖廣總督張之洞致電湖北留日學生監督錢恂，令其商請日本政府約束「掛日商招牌」的《中外日報》《蘇報》《滬報》《國聞報》《漢報》等「勿信逆黨訛言，勿用康黨主筆。」欲與革新派爭奪牛耳。

　　一九零五年清政府軍機處發函查禁書報曰：「書坊報館有寄售悖逆各書，如《支那革命運動》、《革命軍》、《新廣東》、《新湖南》、《浙江潮》、《新民叢報》、《併吞中國策》、《中國自由書》、《中國魂》、《黃帝魂》、《野蠻之精神》、《二十世紀之怪物》、《帝國主義》……等種種名目，駭人聽聞，喪心病狂，殊堪痛恨……務希密飭各屬，體察情形，嚴行查禁」。爲了避免清廷言論控制，用小說報導新聞事實的《商務日報》此時於廣州創刊，爲報紙刊登小說開了先例。

　　同時爲了宣講新學，倡導維新變法，各類中西學堂亦應運而生，如紹郡中西學堂、南洋公學堂、求是學院、時務學堂、通藝學堂、編譯學堂、湖北方言學堂、中西啓蒙學堂、京師大學堂、文化女學堂等。

　　創辦中西學堂亦遭到了頑固派的堅決抵制。清廷從侍讀學士陳夔龍奏，命整頓學校，宣明聖學。其氣質囂張，沾染康梁惡習者，要嚴斥痛懲。

　　這一時期，西歐人研究中國文學的興趣亦不斷提高，如英國瞿理斯著的《中國文學史》在英國倫敦出版，爲外國人最早作的中國文學史。又如美國馬克吐溫《給坐在黑暗中的人》，文中揭露了美傳教士在中國的罪惡行經；日本中村忠行《清末偵探小說史稿》，研究中國偵探小說、大橋式羽著的《胡雪巖外傳》，描述晚清紅頂商人胡雪巖在杭州改建私人花園及其米廠遭搶劫，受外商排擠破產之事。日本人中島裁子還於北京設立東方文學社，轉譯西書。

（二）傚仿西方文風　頓闢異境

　　吳趼人在《預備立憲・弁言》中，說他有意仿傚西方文風，以其有「別具一種姿態」，並戲言「偶戲爲此篇，欲令讀者疑我爲譯本也」。瓶庵《中華小說界・發刊詞》評論前一段小說：「泊於晚近，西籍東輸，海內文豪，從事譯述，遂乃紹介新著，摔販短章，小說一科，頓闢異境。」

　　據阿英所統計晚清成冊的小說，「至少在一千種上，約三倍於涵芬樓所藏」。〔註26〕知新室主人（周桂笙）自謂「二十年來所讀中國小說，合筆記、

〔註26〕《晚清小說史》，第一章，阿英。《東方出版社》，1996 年。

演義、傳奇、彈詞，一切計之，亦不過二百餘種。近時新譯新著小說，亦百餘種。外國小說，吾只通英、法二國之文……統計自購，及與友人交換者，所見亦不過各三百餘種。所讀美國小說，亦不下二百種，其餘短篇之散見諸雜誌同報中者，亦數百種，蓋都不過千有餘種耳。」〔註27〕僅於 1911 年，該年就出版發行了 50 種創作小說，24 種翻譯小說，14 種戲曲。其中直接反映辛亥革命的小說有 14 種，傳奇雜劇 11 種，戲曲 5 種，唱本 4 種。〔註28〕覺我《丁末年小說界發行書目調查・引言》云：「邇來譯籍風行，於小說一類，有徵發達，出版之肆，數不足十，而月稽新籍中，數越九，彬乎盛哉。」其〈調查〉表明翻譯約為創作小說之兩倍。近代作品之繁茂於此可見一斑。

近代文學作品不僅以數量取勝，而且品種多樣，炯異於此前。試以小說為例。

俠人在比較中西小說之異同時首先談到：「西洋小說分類甚精，中國僅約為英雄、兒女、鬼神三派。」〔註29〕當然，僅以此三類概括中國古代小說種類尚失之偏頗。然不可否認的是，西方文化的輸入對中國小說題材、內容及藝術風格特徵的確產生過不容忽視的作用和影響。

談到近代小說的創作，周作人在《日本近三十年小說之發達》中，指出要以日本為榜樣，逐步地從模仿中蛻化出新的樣式。他認為新舊小說的區別不僅在於思想，同時也在於形式，要挽救中國小說創作的弊病「須得擺脫歷史的因襲思想，真心的先去模仿別人」向西洋小說學習，之後從模仿中「蛻化出獨創的文學來」。〔註30〕這種歐化的中國新創小說是近代中西文化碰撞的產物，試分述如下：

（三）以勸懲為皋極之政治小說

「金聖歎預言一二百年後將成為小說時代，斯言果驗。各國之變故，多出其政治等小說，促其潮流。」〔註31〕早在一八九七年邱煒萲即提倡小說以紀實研理為正宗：「其餘談狐說鬼，言情道俗，不過取備消閒，猶賢博弈而已。」

〔註27〕《新小說》20 號，1905 年。

〔註28〕《二十世紀中國文學大典》，《上海教育出版社》陳鳴樹主編，第 227 頁。

〔註29〕《小說叢話》，《新小說》13 號，俠人，1905 年。

〔註30〕《新青年》，《日本近三十年小說之發達》5 卷 1 號，1918 年。

〔註31〕《義俠小說與豔情小說具輸灌社會感情之速力》速，第 7 期《中外小說林》1907 年。

〔註 32〕梁啓超更是鼓吹:「在昔歐洲各國變更之始,其魁儒碩學,仁人志士,
往往以其自身之經歷,及胸中所懷政治之議論,一寄之於小說……往往每一書
出,而全國之議論爲之一變。」〔註 33〕指出小說,「於日本維新之運動有大功
者。」梁啓超說:「吾輩之爲文,豈其欲藏之名山,俟諸百世之後也,應於時
勢,發其胸中所欲言」。〔註 34〕並自稱「十年以來,不敢自暇,竊博考列國圖
治之軌迹,按以宗邦當今之時勢,所懷萬千,欲陳無路」。平子提出小說與經傳
可互相補救,均能移易人心,改良社會,「然經傳入人也逆,小說戲曲則人人均
樂而聞之,其入人也順,國人之得益者十之八九。」〔註 35〕邱煒園提倡小說以
紀實研理爲正宗,「其餘談狐說鬼,言情道俗,不過取備消閒,猶賢博弈而已。」
〔註 36〕天僇生道:「夫救亡圖存,非僅特一二才士所能爲也,必使愛國思想,普
及於最大多數之國民而後可。求其能普及而收速效者,莫小說若」。〔註 37〕

　　梁啓超不僅從理論上闡明政治小說的價值,而且創作了《新中國未來
記》。該書從義和團事變敘至以後五十年,先是南方有一省獨立,後舉國英豪
共襄盛舉,對外修好通商,對內立憲共和。數年後各省響應獨立。因西藏、
蒙古主權問題,中國與俄國開戰,並聯英、美、日大敗俄軍,又暗助俄國虛
無黨起事。顛覆俄國專制政體。後因英、美、荷虐待黃種人,釀成人種戰爭。
歐美各國合縱謀我,黃種人諸國連橫應之,終在京師開萬國和平會議,以黃
種人和白種人的親睦告終。黃遵憲致書梁啓超談《新中國未來記》:「僕所最
貴者,爲公之關係群治論及世界末日記……歎先生之移我情也。《新中國未來
記》表明政見,與我同者十之六七,他日再細評之與公往復。此卷所短者,
小說中之神采,之趣味耳。俟陸續見書,乃能言之,刻未能妄測也。」

　　一九零一年期間,以庚子國變爲題材的作品大量出現,據阿英《關於庚
子國變的文學》,計有:延清《庚子都門記事詩》、胡思敬《駝背集》、黃遵憲
《人境廬詩草》、狄平子《燕京庚子俚詞》、憂患餘生《鄰里語》、林紓《京華
碧血錄》、吳沃堯《恨海》、陳季衡《武陵春》、林紓《蜀鵑啼》、狄平子《庚
子記事》以及李伯元《庚子國變彈詞》。

〔註 32〕《菽園贅談·小說》1897 年刊本。
〔註 33〕《清議報》《譯印政治小說·序》,第 1 冊。
〔註 34〕《飲冰室自由書》,(《清議報》26 冊,梁啓超。
〔註 35〕《新小說》,《小說叢話》,8 號,平子。
〔註 36〕《菽園贅談·小說》,邱煒園,1897。
〔註 37〕《論小說與改良社會之關係》,《月月小說》1 卷 9 號,天僇生。

以「反美排禁華工」運動爲題材的文學作品在改良主義時期亦大量出現，其詩歌如：《抵制美國》、《弔煙仔龍舟歌》等，小說有碧荷主人的《黃金世界》、《新紀元》，吳趼人的《劫餘灰》、佚名《苦社會》、《豬仔記》、《南非洲華僑慘狀記》及《檀香山華人受虐記》等。晚清「四大譴責小說」的出現，更是近代政治小說最高成就的標誌。

（四）以借古鑒今爲誘導之歷史小說

吳趼人曾借友人蔣紫儕之函曰：「撰歷史小說者，當以發明正史事實爲宗旨，以借古鑒今爲誘導，不可過涉虛誕與正史相刺謬。尤不可張冠李戴，以別朝之事實，牽率羼入，貽誤閱者云云。」又道：「末一語，蓋蔣子以余所撰《痛史》而發也。余之撰《痛史》也，因別有所感故爾。」〔註38〕吳趼人之《痛史》，乃有感而發之作。其中故事雖頗有與史乘不符者，但卻通過其塑造的典型人物和環境：一批活躍在當時歷史舞臺上的可歌可泣的愛國將士，寄託了作者對清廷統治的憤慨，揭露了南宋偏安，並卒致覆滅的原因。這種「牽率羼入」不僅無有「貽誤閱者」，反而鼓舞了國人的愛國鬥志，具有較大的藝術感染力。嚴復、夏曾佑《國聞報附印說部緣起》指出：「小說又爲人心所構之史，而今日人心之營構，即爲他日人身所作，故小說又爲正史之根矣」。洪興全《中東大戰演義・自序》聲稱小說「然實中之虛，亦不可無」，林紓《劍底鴛鴦・序》道，乃冀天下尚武：「今日之中國衰耗之中國也。恨余無學，不能著書以勉我國人，則但有多譯西產英雄之外轉，俾吾種亦去其倦弊之習，追躡於猛敵之後」。榮驥生《瑞西獨立警史》序曰，讀此書涕淚縱橫，掩卷不忍卒讀，以爲優勝劣敗，天演公理。而區區小國，皆一躍而回覆其自由獨立之精神，而惟我支那，「沉沉長睡，茫乎不知其劣而將敗也」。高尚縉在《萬國演義》序中盛讚演義之書，能使童稚可通，鄉曲能記：「先啓其軌，然後偕之大道」。《新世界小說月報》第6期，作者在《讀小說法》中，倡導小說可作史讀、作子讀、作志讀、作經讀、作《人譜》、《內經》、《風俗通》、《兵法志》讀。林紓所譯《利俾瑟戰血餘腥錄》序道：「使吾華人讀之，則軍行實狀，已洞然胸中，進退作止，均有程限，快槍急彈之中，應抵應避，咸蓄成算，或不至於觸敵即餒，見危則奔。則是書用代兵書讀之，亦奚不可者。」其所譯《黑奴籲天錄》稱：「……特爲奴之勢逼及吾種，不能不爲大家一號」。「竊願讀是書者，勿以小說而忽之，則庶乎其知所自處已」。又道：「我讀《籲天錄》，以哭黑人之淚哭我黃人，以黑人已往之境，哭我黃人

〔註38〕 《月月小說》，《兩晉演義》，1號，吳趼人。

之現在」。〔註 39〕並稱:「而傾心彼族者又誤信西人寬待其藩族,躍躍然欲趨而附之,則吾書之足以儆醒之者」。

　　當時出現的此類歷史演義小說又如:《湯姆叔叔的小屋》、《日本維新英雄兒女奇遇記》、《泰西歷史演義》、《論美國立國以教道爲本》、《世界亡國小史》、《瓜分慘禍預言記》、《美國獨立記演義》、《英國商業界第一偉人戈布登事迹演義》、《斷頭臺傳奇》、《菲律賓外史》、《柏林圍城記》等。

　　晚清時期亦有借歷史傳奇演義現實題材之作,如詩:《題桃花扇傳奇三首》、戲劇:《維新夢傳奇》小說:《女媧石》、《二十世紀西遊記》、《新石頭記》、《愛國魂傳奇》、《洪秀全演義》、《兩晉演義》及《新鏡花緣》等,後者藉以宣揚作者對文明、國粹、歐化等的看法,從而「喚醒癡人,喚醒拋荒國粹、醉心歐化的人」。

(五) 不以亂始,尚以禮終之寫情小說

　　林紓曾譯介過幾種西方寫情小說的名著,並曾因所譯《巴黎茶花女遺事》和《迦因小傳》在文壇引起轟動。嚴復留別林紓的詩中有:「可憐一卷《茶花女》,斷盡支那蕩子腸」。濤園居士在《埃司蘭情俠傳‧敘》中稱其:「長於敘悲,巧曲哀梗,人所莫言,言而莫盡者」,蓋得力於《史記》、《漢書》。並盛讚其《茶花女》:「嚴幾道以爲支那浪子之魂,咸爲所蕩」。此書寫桓桓武與愛力克,爲情愛墜河而死,殊與中國傳統小說不類。

　　林譯又曾將《迦因小傳》全文譯出,而其中下半部中因有迦因懷孕一節,而「幾幾乎得罪於名教」。1901 年出版的節譯本有意刪掉此節。林譯全部譯出後,引起衛道者的非議,導致一場論爭,如松岑在《新小說》上發表《論寫情小說對於新社會之關係》一文,將青年男女倫理道德之敗壞歸咎於寫情小說,及《迦因小傳》全譯本的刊行。文曰:「曩者,少年學生,粗識自由平等之名詞,橫流滔滔,已至今日乃復爲下,多少文明之確證,使男子而狎妓,則曰:我亞猛著彭也,而父命可以或梗矣。今人謂之外國《紅樓夢》,女子而懷春,則曰:我迦因郝斯德也,而貞操可以立破矣。《迦因》小說吾友包公毅譯,迦因人格向爲吾所深愛,謂此半而汝文字勝於足本。今汝林譯,即此下半卷,內知尚有懷孕一節。西人臨文不諱,然爲中國社會計,正宜從包君節去爲是。此次萬千感情,正讀此書而起」。〔註 40〕寅半生在讀《〈迦因小傳〉

〔註39〕 《晚清文學叢鈔‧小說戲曲研究卷》阿英。
〔註40〕 《新小說》,《論寫情小說對於新社會之關係》第 17 號,松岑,1905 年。

兩譯本書後》亦發表評論，認為讀蟬溪子所譯是書，迦因實情界中之天仙也，讀林紓所譯是書，迦因實情界中之蠱賊也。因前者曲為迦因諱，而後者歷補之以彰其醜。

林紓《劍底鴛鴦》序曰：「余譯此書（指《迦因小傳》），亦幾幾乎得罪於名教矣」。「此在吾儒，必力攻以為不可。然中外異俗，不以亂始，尚可以禮終。不必踵其事，但存其文可也。」並稱其譯此書，乃冀天下尚武：「今日之中國衰耗之中國也。恨余無學，不能著書以勉我國人，則但有多譯西產英雄之外轉，俾吾種亦去其倦弊之習，追躡於猛敵之後」。〔註41〕

此外戢翼翬譯普希金所著的《俄國情史》，亦在寫法上予近代寫情小說模式產生影響。該書敘彌士與瑪麗之悲歡離合，兩人婚後遇兵亂而離散，幾經患難，備嘗艱辛，終得團圓。吳趼人之寫情小說《恨海》所述，為庚子之亂中遷徙逃亡，散失遭難之事。然而結局不同於《俄國情史》，可謂有悲無歡，有離無合。

阿英指出「直至吳趼人創『寫情小說』，此類作品始復擡頭，為後來鴛鴦蝴蝶派小說開了先路」。1912 年鴛鴦蝴蝶派小說創作頗豐，當年即發表小說445種，載於上海的 162 家刊物上。1914 年，《禮拜六》、《眉語》相繼在上海創刊，魯迅在《上海文藝之一瞥》中說：「《眉語》出現的時候，是這鴛鴦蝴蝶派文學極盛的時期」。劉半農《我之文學改良觀》認為：「小說為文學之主腦」，但「不認今日流行之紅男紅女之小說為文學」。〔註42〕據本人統計晚清冠之以「情」的小說達三十種（見另文）。鴛鴦蝴蝶派小說與黑幕小說皆為殖民地文化的產物。路濱孫編《中國黑幕大觀》，內輯 170 位作家所撰黑幕小說742 篇。本人在《民國黑幕小說及其陸士諤政界之黑幕》〔註43〕中曾剖析、論及，不贅言。

（六）語極鑴妙，殊足解頤之寓言小品

采庵《解頤語》敘中談到西方文學中，「小品滑稽之談尤多，設為白話問答之辭，形容盡致，有聊聊一二語，不敘緣起，不詳究竟，而讀之輒令人忍俊不禁者。語極鑴妙，殊足解頤」。〔註44〕林紓推崇《伊索寓言》曰：「余黜

〔註41〕 《劍底鴛鴦》林紓，商務印書館，1907 年。

〔註42〕 《我之文學改良觀》，《新青年》3 卷 3 號，1917 年。

〔註43〕 拙著《陸士諤小說考論》，《民國黑幕小說及其陸士諤政界之黑幕》三聯文博論叢，2005 年。

〔註44〕 《解頤語‧敘言》，《月月小說》采庵，1 年 7 號，1907 年。

華伸歐，蓋欲求寓言之專作，能使童蒙聞而笑樂，漸悟乎人心之變幻，物理之歧出，實未有如伊索者也」。浴血生《小說叢話》中亦談到「竊嘗謂小說之功亦偉矣，夫人有過，莊言以言之，不如微言以刺之，婉言以諷之，不如妙喻以譬之，而凡小說者，皆兼此能力者也。故用小說以規人過，是上上乘也」。

李伯元創辦《世界繁華報》、《遊戲報》，「告白」中曰：「以詼諧之筆，寫遊戲之文，遣詞必新，命題皆偶，上之列邦政治，下逮風土人情……莫不描摹盡致，寓意勸懲，無義不搜，有體皆備」。李伯元自稱：「自是肆力於小說，而一以開智譎諫為宗旨。據周桂笙《新庵筆記》載：「昔南亭亭長李伯元徵君，創《遊戲報》，一時靡然成風，效顰者踵相接也。南亭乃喟曰：何善步趨而不知變哉？」遂設《繁華報》別樹一幟。一紙風行，千言日試，雖滑稽玩世之文，而識者咸推重之。

李芋仙主筆的《寓言報》於上海創刊，設有先聲諷刺詩、論說、小說、新聞、燈謎等欄目。鄒弢在上海創辦《趣報》月刊，並以有獎銷售辦法吸引讀者。

梁啓超認為：「談話體之文學尚矣。」，可以「趣味轉增」，並將其在旅途中從《桃花扇》中撮筆記十餘條。後與平子、蛻庵、璱齋、慧廣、均歷、曼殊等友人「縱論小說，各述其所心得之微言大義，無一不足解頤者。」梁啓超曰：『各筆之，便一帙。』眾曰，『善』。遂命紙筆，一夕而得百數十條，畀新小說社次第刊之。〔註45〕

吳趼人曾將自己創作的《新笑林廣記》、《新笑史》、《俏皮話》之類作品稱之為「笑話小說」。他的《新笑林廣記》共二十二則，原載《新小說》第十、十七、二十二號；《新笑史》亦二十二則，原載《新小說》第八與二十三號；《吳趼人哭》五十七則；《俏皮話》共一百二十七則，載《月月小說》第一至五、七、十二至十六、二十八至二十號。〔註46〕吳趼人在《新笑林廣記》自序篇中道「邇日學，深捂小說具有改良社會之能力，於是競言小說，竊謂文字一道，其所以入者，壯詞不如諧語，故笑話小說尚焉。吾國笑話小說，亦頗不甚少，然類皆陳陳相因，無甚新意識、新趣味，內中尤以《笑林廣記》為婦孺皆知本，惜其內容鄙俚不文，皆下流社會之惡謔，非獨無益於閱者，

〔註45〕《新小說》，《小說叢話·序》第 1 卷 7 號，飲冰，1903 年。
〔註46〕據本人碩士論文《吳趼人小說及其創作思想研究》，《吳趼人小說創作論》，1996年。

且適足為導淫之漸。思有以改良之，作《新笑林廣記》」。這段文字概括了幾層意思：（一）指齣目前小說繁榮的原因「深悟小說具有改良社會之能力」。（二）揭示了笑話小說的藝術特徵：「壯詞不如諧語」，從而說明「笑話小說尚焉」之原因。（三）認為古代笑話小說藝術上「類皆陳陳相因，無甚新意識、新趣味」，而內容則「鄙俚不文，皆下流社會之惡謔」，其效果「適足為導淫之漸」。（四）表明自己「欲改良之」願望和決心。

吳趼人指出了歷代笑話小說（實則未達到小說境界，乃小品文而已）在藝術形式上和思想內容方面的缺陷。其道德理想、審美判斷亦寓於其中。他反對「陳陳相因」、「簡略無味」、「隨聲附和」的毫無生氣活力的舊笑話小說。而欲以「奇言」、「譎諫」、「諧詞」而入，可見趼人對笑話小說特徵及其藝術感染力的高度重視。其所崇尚的「奇言」、「譎諫」、「諧詞」之風格，可追溯到西漢以東方朔為代表作家的譎辭飾說、詆謾媟弄的滑稽文學。這種文學風格，不僅開了魏晉南北朝時滑稽嘲噱之風的先河，而且對此類笑話小說亦產生了直接的影響。如三國魏時期邯鄲淳的《笑林》、西晉陸雲《笑林》，皆是在這種風氣影響下出現的嘲噱性小品、故事集。吳趼人反對那種違背社會公德的「淫詞、惡謔」是有必要的。在近代思潮新舊嬗替、錯綜複雜、急劇變化的特定氣氛中，將小說引導到批判現實的軌道上去，無疑是具有進步意義的。

當然對待古代笑話小說，我們也不能一概而論。歷來笑話小說並非皆「鄙俚不文」毫無社會意義。如馮夢龍《古今譚概》就涉及到廣泛的社會內容，其笑話小說無論道古抑或諷今，都無不深刻形象地反映了明代政治、經濟、宗教、文化各方面的現實，具有較大的認識和審美價值。吳趼人的笑話小說更是切中時弊，將清朝統治集團的醜惡鞭闢入裏。其諷刺辛辣，令人捧卷之餘，掩卷深思，頗受啓迪。雖戲噱之言，亦不難感受到「吾言之懼極，欲哭」。

吳趼人笑話小說主要有三類：第一，反帝愛國，如《捐軀愛國》、《聖人不利於國》、《旗色》、《視亡國為應有之事》、《蛤蟆操兵》、《外國人不分皂白》等。第二，諷官，如《皇會》、《排滿黨之實行政策》、《辭官新法》、《中國通商銀行總辦》、《狗懂官場》、《民權之現象》、《紅頂花領》、《大字名片》等。第三，世道人心，如，《瘝馳》、《蚊》、《復蘇》、《金同投生》等。

此類笑話小說皆奇思俊語，不落恒蹊。雖為遊戲之文，掊擊時政之意寓焉。作者將改良社會之理想訴諸於嬉笑怒罵之筆端。

（七）經以科學緯以情之科幻小說

　　科幻小說既是一種題材上的開拓，又是一種表現手法上的創新。所以不少純文學作家常常自覺或不自覺地運用類似科幻的方式，表達用傳統文學手法難以表達的思想內涵。清末民國時期，荒江釣叟、海天獨嘯子、蕭然鬱生、碧荷館主人、吳趼人、包天笑、徐念慈、闖異、陸士諤、許指嚴等人皆為較早在中國科幻文學這塊貧瘠的土地上默默耕耘的作家。

　　科幻小說既有自然科學的背景，又不乏社會、歷史、文化方面的原由，同時亦與表達內容、主題所選擇的文體樣式及其作者自身素養、興趣諸因素相關：

　　首先它與清末通俗科普文章的宣傳相關。試翻開光緒二十八年（1902）創刊的《政藝通報》，其中關於「水地行船」、「人工造雨」、「星球相通之證明」、「空中戰具」、「助腦電機」、「空際行舟」、「潛行水電之發明」、「新式空中飛行船」、「地球與火星通訊」、「機器制之人」等等，都是介紹最新的、幻想的科學技術的文章。其他雜誌也或多或少刊載有類似文章。如《浙江潮》、《大陸報》、《科學世界》、《新小說》、《翻譯世界》、《新民叢報》等。科技前沿進入作者的視野，成為審美對象，迎合了讀者的審美心理與期待。讀者希望在小說中看到對未來景觀的描繪。當然未來景觀，並非簡單地指未來世界裏的，或人類前所未見的「自然環境」，主要也指「社會環境」，即對於未來的社會狀況，意識形態，人文科技等方面作出的大膽的預測與描述。

　　其次它與清末大量的科學小說的譯介相關。海天獨嘯子稱：「苟欲其事半功倍，全國普及乎？請自科學小說始」。中國科學小說的產生，與 19 世紀法國著名科幻小說家儒勒·凡爾納（1828～1905）等創作的科幻作品的影響是分不開的。1900 年，逸儒濤彭、薛紹徽最先將凡爾納的科幻小說《八十日環遊記》譯成中文，使中國讀者第一次接觸到這樣一個文學樣式。該書出版之後，非常受讀者歡迎，譯本接連再版數次。在此影響下，凡爾納及其他作者的多篇科幻小說被陸續介紹到中國來。1902 年，紅溪生譯了他的《海底旅行》，同年，梁啟超又譯了《十五小豪傑》、《世界末日記》，無名氏譯了《海上大冒險談》、《魯濱遜漂流記》，1903 年魯迅譯了他的《月界旅行》、《地底旅行》，包天笑譯了《鐵世界》、無名氏譯了《航海述奇》、《空中旅行記》商務印書館譯了《環遊月球》、奚若譯了《秘密海島》戴贊譯了《星球遊行記》、錢瑞香譯了《陸治斯南極探險事》、楊德森譯了《夢遊二十一世紀》，佚名《試演飛

船》、《海上大冒險談》、吳憶琴《魚麗水冒險記》、茂原築江譯意《蝴蝶書生漫遊記》、錢瑞香譯《陸治斯南極探險事》、海天獨嘯子《空中飛艇》、揚德森譯《夢遊二十一世紀》、魯迅譯《斯巴達之魂》、冷血譯《明日之戰爭》、三江索士（魯迅譯）《地底旅行》錢楷重譯《航海述奇》、荒江釣叟《月球殖民地》、知新室主人譯述《地心旅行》、肝若《飛行怪物》1904 年包天笑譯了他的《秘密使者》……凡爾納的作品被譯成中文的不下十五六種。

　　科幻小說成爲了溝通科學文化與人文文化的橋梁，科學技術第一次成爲作者審美對象。中國科幻小說的先驅者們對於科幻小說變革社會的重要意義尤其有著清醒的認識。如包天笑曰：「科學小說者，文明世界之先導也……則其輸入文明思想最爲敏捷，且其種因獲果。凡爾納所著之《海底二萬里》，而今日英國學士有海底潛行船之制矣……凡此種種，不勝枚舉。嗚呼，我讀迦爾威尼之科學小說，我覺九萬里之大圓小，我恨二十世紀之進步遲。」〔註47〕又如魯迅曰：「至小說家積習，多借女性之魔力，以增讀者之美感，此書獨借三雄，自成組織，絕無一女子廁足其間，然仍光怪陸離，不感寂寞，尤爲粗俗。蓋臚陳科學，常人厭之，閱不終篇，輒欲睡去，強人所難，勢必然矣。惟假小說之能力，被優孟之衣冠，則雖析理談玄，亦能浸淫腦筋，不生厭倦……故苟彌今日譯介之缺點，導中國人群以進行，必自科學小說始。〔註48〕十九世紀末已擁有的科學技術的能力，構成了晚清科幻小說的文化背景，二十世紀初中國對科技小說的譯介則是直接影響、推動了晚請科幻小說家們的創作激情。

　　再次，它與西方科幻小說的影響相關。東海覺我在《新法螺先生譚》的前言中敘述了他的創作緣起時道：甲辰夏，我的朋友天笑生把所譯《法螺先生》前後兩卷給我看，我讀之，驚其詭異，津津不倦，於是來個東施效顰，不揣簡陋，附諸篇末，自稱是「新法螺先生」。〔註49〕可見他是在譯著《法螺先生譚》影響之下進行創作的。陸士諤《新野叟曝言》的構思亦明顯地受到了凡爾納科學享樂主義主題的影響，注重對未來美好的烏托邦式的生活方式與歷險進行描述。是其走出純文學的創作而進行的一次科幻實踐。凡爾納自1863 年起，開始發表科幻冒險小說，以總名稱爲《在已知和未知的世界中奇異的漫遊》一舉成名。他的科幻三步曲：《格蘭特船長的兒女》、《海底兩萬里》

〔註47〕《鐵世界譯餘贅言》，包天笑，光緒二十九年，1903 年。

〔註48〕《月界旅行・弁言》，日本東京進化出版社印，周樹人譯，光緒二十九年，1903年。

〔註49〕《小說林》，《新法螺先生譚》，東海覺我 1905 年。

和《神秘島》，及其主要科幻代表作：《氣球上的五星期》、《地心遊記》、《機器島》、《漂逝的半島》、《八十天環遊地球》等，形象誇張地反映了19世紀「機器時代」人們征服自然，改造世界的意志和幻想，開西方和日本現代科幻小說的先河，也對我國二十世紀初期的科幻小說產生了較大的影響。

此外亦與作者的素養及興趣相關。晚清科幻作品中所呈現的各種烏托邦視野，以及對時間及空間觀念的實驗，可作爲我們一窺世紀之交歷史及政治思潮嬗變的好材料。晚清科幻小說中的「月球殖民地小說」常將科技的烏托邦理想構築於月球之上。當月球表面生機索然的實況揭發之後，月球已漸失其神祕性，人們開始尋訪其他充滿未知的星球爲創作題材，將太空探索的範疇推向更深更遠的宇宙。如陸士諤的《新野叟曝言》所描述的木星中，星球東半部盛產鑽石黃金，大洋中則多珠貝翡翠；西半球林木青蔥，珍禽繁衍。類似《新野叟曝言》這樣的創作或翻譯，曾在晚清風靡一時。

科幻小說「獨抒奇思，託之說部。經以科學，緯以人情，離合悲歡，談故涉險，均綜錯其中。」（《月界旅行弁言》）它的天馬行空的情節，光怪陸離的器械背景，曾經吸引了大批趨時好新的讀者。而在表面的無稽之談外，科幻小說的所論所述，也深饒歷史文化意蘊。它以反寫實的筆調，投射了最現實的家國危機，反映了一代中國人想像未來世界的方向及局限。晚清的科幻作家一方面承襲古典中國神怪小說的遺產，一方面借鑒當代西方科幻小說的發明，其所形成的敘述模式，自成一格。

（八）悵懷時局之立憲小說

君主立憲作爲一種革命與政治思潮在晚清興起。慈禧爲了挽救其垂亡的命運，以皇帝的名義下昭改弦更張，實行「新政」。對待君主立憲當時有兩種不同的態度：改良派爲了躋中國於富強，幫助統治階級復興政治，極力鼓吹君主立憲。以吳趼人爲代表的改良派雖然也主張君主立憲，但是反對假立憲。而主張種族革命者則持反對態度；守舊者亦然。

極力鼓吹君主立憲的在當時首推康有爲、梁啓超。「戊戌變法」中，康有爲把制定憲法視爲變法的總綱領，在他上呈給光緒帝的《日本變政考》中稱，「變政全在定典章憲法，日本如此而成效大著，中國今欲大改法度，可采而用之」。1901年6月梁啓超發表《立憲法議》鼓吹目前世界上有君主專制、君主立憲、民主立憲三種政體，而「君主立憲者，政體之最良者也」。

梁啟超的《新中國未來記》〔註 50〕即是為了闡明立憲的必要。小說寫南方某省獨立，舉國英豪共襄盛舉，對外修好通商，對內立憲共和。數年後，各省響應獨立。在該書的影響下，一批主張立憲共和的文學作品湧現出來。如《新中國》、《新水滸》、《未來世界》、《憲之魂》、《立憲萬歲》、《笏山記》、《女媧石》、《新鼠國》、《光緒萬年》、《新紀元》《新三國》、《新中國》、《立憲鏡》等。同時〈預備立憲公會報〉亦於 1908 年在上海創刊。

上述立憲小說表現了作者對待立憲所持的不同態度。如鼓吹立憲的《未來世界》、《新三國》和《憲之魂》，皆與《新中國未來記》一樣對立憲國作了理想的描述。《未來世界》想像地寫到立憲準備的過程：如寫對外交涉，取得勝利，與俄作戰，大敗了他們，最後慶祝立憲的成功。

1904 年日本與沙俄曾為爭奪朝鮮，特別是我國東北地區發生衝突，一場戰爭在立憲小國日本和專制大國沙俄之間進行。而國內的立憲派與守舊派也展開了爭論，對他們而言，誰勝誰負直接關係到立憲與專制誰優誰劣的問題。日本之勝出使人們相信立憲可以救亡圖存，成為刺激立憲運動走向高漲最主要的原因。

1905 年資產階級民主革命運動蓬勃發展，清廷最高統治者面對日益高漲的革命形勢，也積極謀求對策，召開「御前會議」，反覆策劃。他們認為「欲治革命之危機，捨立憲無他道」。1906 年清政府決定師法日本，與明治維新一樣從改革官制入手，頒佈了一道「預備仿行憲政」的諭旨。康梁為首的保皇派及一些別具野心的漢族大官僚、大紳商亦不遺餘力地為君主立憲奔走呼號。大肆宣揚「立憲救國論」。

《憲之魂》敘「陰府立憲事。未立憲以前社會種種破敗；既立憲之後，國富兵強，四鄰弭服」。書中前幾回影射中國的現實，後幾回表達立憲的理想和對未來的憧憬。同時書中也對種族革命者的推翻專制統治，反對立憲的主張表示不滿：「目下革命的風潮十分屬害，不如暫且降一道旨，許海內臣民預備立憲。但不要明定期限，只說是鬼智未開，教那些革命黨，從此更不能以專制二字為口實，散了他們的黨，也是一個消患無形的妙法」。

陸士諤《新三國》鼓吹「懸設立憲國的模範」。書中借張裔之口道：「立憲國國民與國君，如家人父子，專制國皇帝和百姓如奴僕與主人，其不同者一。

〔註 50〕 《新小說》，《新中國未來記》，飲冰室主人著，平等閣主人（狄葆賢）批，1902～1903 年。

立憲國則以國為君民之共有物，故君為國主，民亦未始非國主也，專制國則以國為君主之專有物，故人民萬不敢以國認為己有也，其不同者二。立憲國凡在一國之內，無論為君、為民，為官、為吏，皆在法律範圍之內，故各有權利，各有義務。專制國則君主不受法律之範圍，有權利而無義務，官吏可以枉法害民，權利多而義務少，惟小民則僅有義務，毫無權利，其不同者三。」

當然在腐朽沒落的晚請王朝，「模範立憲國」的理想只能是一種空想。1907年，清政府宣佈立憲的目的只是為了作出進一步改革的姿態，企圖抵製革命的影響，拉攏一部分資產階級的上層，欺騙廣大人民；此外它是別有用意地借所謂官制改革，來削弱過於強大的漢族地方督撫的權勢，以加強中央集權。這種將維新的希望寄託於清政府的假立憲之上的改良主張，只是一種不切實際的空想，它體現了改良主義者的思想局限性。

晚清資產階級革命派對立憲的認識較清醒，1903 年 5 月，柳亞子、章太炎、蔡治民及鄒容等人合撰的《駁「革命駁論」》刊登於蘇報，斥責《中外日報》刊登的《革命駁議》一文。該文主張「只可立憲，不可革命。」柳亞子等提出唯流血鬥爭，方能創建「新中國」。

《浙江潮》第 8、9 期發表飛生的《近時兩大學說之評論》，認為立憲說亦不可行：「而獨不見戊戌之變乎？其名則曰保皇而殺之，殺之為其不利於己也。而獨不見乎庚子之變乎？其名則曰保皇而殺之，殺之為其不利於己也。夫變法也，保皇也，豈不和平也哉，而殺之，殺之為其不利於己也。夫變法也，保皇也，豈不和平也哉，而拒之若此。今日言立憲，以為我之說較革命造反為和平，而可以動政府也，其亦知政府眼光中，又烏有所謂立憲、革命者乎！……如直欲救中國而要求立憲乎，則政府視之亦叛逆也。」

反對立憲運動的小說，除了從種族革命立場出發以外，即是攻擊康、梁的。如李伯元的《文明小史》，寫了兩個立憲運動的領導人物。李伯元站在反對維新黨的立場，對於書中的主人公安紹山（康有為）和顏軼回（梁啓超）進行了潑辣的諷刺。儘管如此，對於維新的社會事業，李伯元還是表示贊同。反對康梁，同時站在種族革命立場反對君主立憲的小說又如黃小配的《大馬扁》。其文演康有為事。將其描寫成一個招搖撞騙的馬扁，下冊卷首詩云：「保國保皇原是假，為賢為聖總相欺。未諳貨殖稱商祖，也學耶穌號教師。」黃小配從種族革命的利益出發反對康有為，同時也反對立憲。此類立場的作品又如《立憲鏡》、《康梁演義》、《秘密自由》等。

以吳趼人爲代表的資產階級改良派在政治思想上是主張立憲的，但他極力反對假立憲。針對清廷「預備仿行憲政」的諭旨，吳趼人發表了系列諷刺立憲的作品如：《慶祝立憲》、《立憲萬歲》、《大改革》、《光緒萬年》。在《慶祝立憲》中，他借莽夫之口戳穿了清廷「預備立憲」的陰謀：「慶祝立憲這是在那裡發大熱病，說夢話。」其《立憲萬歲》的副標題則爲「吁嗟乎新政策」。該篇以寓言的形式，借「特」（群畜之一）之口表達了我佛山人對立憲的看法：「原來改換兩個官差就叫做立憲……據此看來，我們的飯碗是不必多慮的了。群畜聞言不覺一齊大喜，齊同聲高呼：『立憲萬歲』」〔註51〕又如《大改革》中，原來我的「朋友」所「從諫如流」的大改革，不過是將賭館的招牌改爲了錢莊，將鴉片改爲了「補藥」……文中我的「朋友」即指清廷統治者及官僚機構。「大改革」象徵著「立憲」。故周桂笙在文章的附識中寫到「悵懷時局，無限傷心，恢詭之文耶，憂時之作也。吾展讀一過，欲別貽以嘉名曰：『立憲鏡』」。在《光緒萬年》中，趼人對於清廷「今後推行憲政」的謊言表示懷疑與憤慨，認爲不過是一紙空文，等到光緒萬年都無法實現。吳趼人雖然反對假立憲，但卻寄希望於改良。他認爲只要眞正實行立憲，「大地河山就會變態，國人的精神面貌就回煥發出來。」表現了其對清朝統治者的幻想與改良主義立場。

（九）詭秘神妙令人炫目之探案小說

周桂笙《歇洛克復生偵探案・弁言》談到偵探小說之緣起曰：「爲吾國所絕乏，不能不讓彼獨步。蓋吾國法律訟獄，大異泰西各國，偵探之說，實未嘗夢見。互市以來，外人伸張治外法權於租界，設立警察，亦有包探名目，然學無專門，徒爲狐鼠城社……至若泰西各國，最尊人權，涉訟者得請人爲辯護，故苟非證據確鑿，不能妄入人罪。此偵探學之作用所由廣也……偵探小說即緣之而起」。〔註52〕

對於聊以愉悅人心之譯介偵探小說，中國老少年在《中國偵探案・弁言》中道：「偵探手段之敏捷也，思想之神氣也，科學之精進也，吾國之昏官、贓官、糊塗官所夢想不到也。吾讀之，聊以快吾心。或又曰：吾國無偵探之學，無偵探之役，譯此以輸入文明。而吾國官吏徒意氣用事，刑訊是尚，語以偵探，彼且瞠目結舌，不解云何」。

〔註51〕 《月月小說》，《立憲萬歲》，我佛山人，第5號，188頁。
〔註52〕 《新民叢報》，《歇洛克復生偵探案・弁言》55號，周桂笙。

　　被譽為英國「偵探小說之父」的阿瑟 柯南道爾，其作品中的福爾摩斯已成了名探的代名詞。1886 年，柯南道爾完成了第一部偵探小說《血字的研究》，第一次把歇洛克福爾摩斯與華生醫生介紹給讀者。《血字的研究》問世 2 年後，柯南道爾又出版了《四簽名》，並發表於美英兩地。

　　從 1891 年以來，柯南道爾名作迭出，他先後完成了《波希米亞的醜聞》、《赤髮團》、《橘核案》、《歪嘴男人》、《銀色的駿馬》等 24 個短篇，並結集出版。刊登柯南道爾偵探小說的《海濱雜誌》也因而聲名大振。其被譯介過來的作品如：《泰西說部叢書之一》，內收《毒蛇傳》《寶石案》《撥斯誇姆命案》《希臘詩人》《紅髮會》《紳士》《海姆》七篇；《華生包探案》與《續譯華生包探案》，前者內收〈哥利亞斯考德船案〉、〈銀光馬案〉、〈孀婦匿案〉〈墨斯格力夫禮典案〉〈書記被騙案〉；後者收福爾摩斯探案三種：《親父囚女案》、《修機斷指案》、《貴胄失妻案》。此外尚有《議探案》、《唯一偵探談四名案》、《案中案》、《恩仇血》、《福爾摩斯最後之奇案》、《福爾摩斯再生案》、《竊毀拿破侖遺像案》、《三 K 字五桔核案》、《跋海森王照相片》、《鵝腹藍寶石案》、《僑乞丐案》和《寡婦奇案》等。

　　柯南道爾探案熱的興起，使偵探小說受到了高度的重視。周桂笙《歇洛克復生偵探案・弁言》稱：「而其人（西人）又皆深思好學之士……（偵探）用能迭破奇案，詭秘神妙，不可思議」。徐念慈在《第一百十三案・贅語》中稱，偵探小說的長處在於「布局之曲折，探事之離奇，於章法上占長，於形式上占優，非於精神上見優者」。俠人說：「唯偵探一門，為西洋小說家專長，中國教此等事，往往鑿空不近人用，且亦無此層出不窮境界，真瞠乎其後乎」。定一說：「吾喜讀泰西小說，吾尤喜泰西之偵探小說，千變萬化，駭人聽聞，皆出人意外者」。顧燮光在《小說經眼錄》中評《補譯華生包探案》曰：「情節離奇，令人炫目……機械變詐，今勝於古，環球交通，智慧愈開，而人愈不可測。得此書，根觸之事變紛乘，或可免鹵莽滅裂之害乎？」觚庵評價《福爾摩斯探案》道：一案之破，動徑時日，雖著名偵探家必有所疑所不當疑，為所不當為，令人閱之索然寡觀者。作者乃從華生一邊寫來，只須福終日外出，已足了之，是謂善於趨避。且探案全恃理想規劃，如何發縱，如何指示，一一明寫於前，則雖犯人戈獲，亦覺索然意盡，福案每於獲犯後，評述其理想規畫，則前此無益之理想，無益之規畫均可不自，遂覺福爾摩斯若先知，若神聖矣，是謂善於鋪敘。因華生本局外人，一切福之秘密可不早宜示，絕

非勉強，而華生既茫然不知，忽然罪人斯得，驚奇出自意外，截樹尋根，前事必需說明，是皆由其布局之巧，有以致之，逐令讀者亦爲驚奇不置。余故曰：其佳處全在「華生筆記」四字也。〔註 53〕

當時被譯介到中國的較爲流行的探案譯作還有法國鮑福的《毒蛇圈》、英國亞瑟・毛利森的《馬丁休脫偵探案》和《海衛偵探案》、英國葛威廉《三玻璃眼》、美國訖克《晶格卡脫偵探案》（內收《銀行主人被殺案》、《獵太拒捕案》等 25 篇）美國女作家樂林司朗治《毒美人》、《黃金血》和《三人影》，麥枯淮爾特的《奇獄》系列、法國朱保高比《母夜叉》、《美人手》和《指環黨》日本黑岩淚香的《離魂病》、《三縷髮》，日本中村貞吉《大村善言》，英國陶高能《最新偵探案彙刊》（內收《竊毀拿破倫遺像案》、《失女案》、《毒藥案》、《雙公使》）以及《俄國包探案》《俄羅斯國事犯》《偵探新語》《晶格卡脫偵探案》《黃鑽石》《埃及金塔剖屍記》《俠女奴》等。

在西方偵探小說的影響下，中國譯作家們亦開始嘗試探案小說的創作。狄楚青創辦的《時報》於上海創刊時，胡適回憶說：「《時報》出世以後，每日登載「冷」或「哭」的譯著小說，有時每日有兩種，冷血先生的白話小說，在當時譯界中確算很好的譯筆；他有時自己也做一兩篇短篇小說，如《福爾摩斯來華偵探案》等，也是中國人做新體短篇小說最早的一段歷史。

1906 年嶺南將叟（吳趼人）的《九命奇冤》被胡適譽爲：「他用中國諷刺小說的技術來寫家庭與官場，用中國北方強盜小說的技術寫強盜的軍師，又用西洋偵探小說的布局來做一個總結構。繁文一概削盡，枝葉一齊掃光，只剩下這一個大命案的起落因果做一個中心題目，有了這個統一的結構，又沒有勉強的穿插，故看的人興趣自然能自始自終不致厭倦」。〔註 54〕其文在借鑒國外偵探小說的創作方法上可謂匠心獨運。

又如吳趼人的《義盜記》、《中國偵探案》（吳趼人述）《電術奇談》（日菊池幽芳著，我佛山人衍義）；呂俠《中國偵探》、程小青《霍桑探案》以及《國事偵探》、《殺人公司》、《神樞貴藏錄》（林紓序）等，皆是新體探案小說的嘗試之作。

民國作家程小青從 1915 年開始。翻譯《福爾摩斯探案》，並發表於報上，後又應中華書局之約，與劉半農等一起翻譯柯南道爾的作品，成《福爾摩斯

〔註 53〕《小說林》，《福爾摩斯探案》第 5 期，舶庵，1907 年。
〔註 54〕《新小說》，《九命奇冤》，嶺南將叟，12〜24 號，1906 年。

探案全集》。1920 年起，程小青開始嘗試創作頗具中國風味，與 30 年代上海市井特色的《霍桑探案》。其筆下的霍桑形象不乏福爾摩斯的影子，但卻被烙上了中國近代的印記，小說中的人物、場景、事件皆反映了舊上海十里洋場的種種怪異之事，十分貼近中國社會的市民意識、心態和生活。它脫離了傳統的公案模式，而具有了近代風格。加之其俗文學的語言，更使程小青的作品較之舶來品受到大眾歡迎。霍桑形象成爲了穿著西裝的中國的福爾摩斯。

　　林紓在《神樞貴藏錄》序中道：「中國鞫獄之所以遠遜於歐西者，以其無律師，包探，民不得聰察之吏，不能自直其枉，則乞伸於訟師，訟師者又非理枉之人，不理其久訟，則得資不博，往往直語而故曲之，致其疑竇於官中，於是牽綴夢絡，久久莫釋。而隸役則但喁民膏，與包探之用心，左如秦越 」。「近讀海上諸君子所譯包探諸案，則大喜，驚贊其用心之仁。果使此書風行，俾朝之司刑讞者，知變計而用律師包探，且廣立學堂以毓律師包探之材……則下民既免訟師及隸役之患，或重睹清明之天日，則小說之功寧不偉哉！」〔註55〕在此林紓從近代中國法律不健全之角度，探索了中國偵探小說不發達之原因：「以其無律師、包探」，而中國之「訟師、隸役」用心不良。致使中國之包探與探案之作無法生成。林紓期望探案小說有助於人們認識法律以及健全、完善中國法律制度，可謂用心良苦。

三、衆裏尋他千百度，回頭驀見，那人正在燈火闌珊處

　　中國文學近代化的歷程體現了近代作家「衣帶漸寬終不悔」的執著追求，近代文學的探索與獨創的蛻化承先啓後，融彙東西，繼往開來。它的極爲豐富的內涵，體現了近代歷史轉折時期的鮮明特徵。它「是中華民族及其靈魂在新舊嬗替的大時代中奮起掙扎、獲得新生的一個側面反映」。

（一）中國近代文學在中西文化的碰撞中，選擇了西方文學的中國化道路

　　在天下「如轉巨石於危崖，變遷之速，匪翼可喻，今日一年之變，率視前此一世紀猶或過之。」（飲冰子語）之時，近代文學完全以開放的姿態迎接著西歐文學，從創作形式上的借鑒到思想內容的滲透，近代文壇完全被現代意識籠罩，傳統文學及其觀念被貶抑到底層。辛亥革命之後，資產階級革命派一方面繼續傳輸西方資產階級思想、哲學和美學觀念，同時又在作品中透

〔註55〕《神樞貴藏錄・序》，林紓，商務印書館，1906 年。

露出傳統文化積澱的影響，力圖把傳統文化與現代文明有機地融合起來。周作人於日記中道：「今或我乃瞀於西學，至於唾棄國學過矣。近來我的思想大變，昔主強權，今主悲憫，昔主歐化，今主國粹」。

近代文學在迫切需要武器批判的時代，以批判的武器應運而生。文學家們獨上高樓，探索不息，「為伊消得人憔悴」，邁過了艱辛的中國文學近代化的歷程，創造出了近代文學的繁複而瑋異、新聲而卓越。近代文學傾吐的復仇與反抗的叫喊，這正是近代反帝反封行動實踐的直接反映，因而它突破了古代任何進步的思想水平。作為跨越封建社會歷史終點的近代小說，它敏銳地描畫了人民群眾「直接從事政治創造的時期」。（列寧語）前夕醞釀與激化的過程。近代文學作為一種過渡形式的文學，它是一座橋梁，上銜優秀的古典文學，下接戰鬥的現代文學，它記錄了新舊文化嬗替這一特定階段的演變狀貌。「新世瑰奇異境生，更搜歐亞造新聲」。近代中西文學碰撞交融的新聲異境，雖然只是一種深邃意境的探索，然而也能使人領略到「無限風光在險峰」的高妙旨趣。令人領略到「眾裏尋他千百度，回頭驀見，那人正在燈火闌珊處」的奇瑰意境。〔註56〕

〔註56〕拙文原載：《學術前沿》2006年第8期。

附錄四 近二十年來以媽祖信仰爲核心 的「媽祖文化圈」研究

一、區域化、國際化的媽祖文化及其研究

（一）媽祖故里的媽祖文化

人類學的文化圈學派（Kulturkrieise Culture Circle School）的傳播理論告訴我們，「最早的文化是從原點慢慢擴散出去，跨越空間，活像漣漪一圈又一圈推動一樣，文化終於傳播到世界各地。」湄洲的媽祖文化即海峽兩岸與世界各地媽祖文化的原點，媽祖文化根植於中華文化的土壤。

涉及到政治、經濟、外交、軍事、僑務、貿易、文化等諸多領域的媽祖信仰，延續了全世界炎黃子孫同根共源的歷史，更抒寫出兩岸交融、根脈敘緣這濃墨重彩的一筆。媽祖精神已成爲中華民族的優秀文化遺產之一。在歷代文獻資料中，學者們高度地概括了媽祖「傳聞利澤至今在」，「已死猶能效國功」（宋代黃公度）「但見舳艫來復去，密俾造化不言功」（陳宓）「扶危濟弱俾屯亨，呼之即應禱即聆」。（明代永樂皇帝）之精神。

媽祖故里的學者自八十年代起，即掀起了媽祖研究熱潮，他們曾先後舉辦了數次媽祖文化學術研討會，並已先後出版了《海內外學人論媽祖》、《媽祖研究論文集》、《媽祖研究資料彙編》、《媽祖文獻資料彙編》等一大批研究資料、學術專著和文學作品等。

2004 年中華媽祖文化交流協會經民政部批准成立，會址設在湄洲媽祖祖廟。這是首個全國性的媽祖文化交流協會，從而使媽祖文化這一中華傳統文

化的地位得到了國家的正式確認，也為海內外媽祖文化機構和學術研究提供了重要平臺。

　　媽祖文化的外延僅直接記載媽祖信仰的歷史文獻資料最保守的估計超過一百萬字。它涉及經濟、政治、軍事、外交、文學、藝術、教育、科技、宗教、民俗、華僑、移民等領域的許多課題，內容相當豐富，史料價值很高。媽祖民間信仰的學術價值正日益引起學者們的注意，被作為一門學問而引起研究者的興趣。

　　持續一千年來的媽祖信仰已形成許多值得我們深入研討和借鑒的相關學術文化課題。如在莆田舉行的媽祖千年祭學術研討會上，與會的學者們即曾就媽祖文化的外延作過進一步的研討，認為在中外關係史上，媽祖信仰與我國古代許多和平外交活動有密切關聯，諸如宋代的出使高麗，明代的鄭和七下西洋歷訪亞非 40 多國，明、清兩朝持續近 500 年的對古琉球中山國的冊封等等，都是借助媽祖為精神支柱而戰勝海上的千災萬劫，圓滿地完成了和平外交的任務。外交使節們為報答媽祖神功，寫下了大量頌聖文章，而這些原始資料對澄清一些歷史遺留的爭議很有作用。即如鄭和的《天妃靈應之記》碑詳細記錄七下西洋的過程，對史書記載的訛誤和不足起到了訂正和補充作用。在反侵略戰爭史上，有關古籍曾記載中國水師將領依恃媽祖庇護多次把殖民主義者驅逐出澎湖海域的史實。澎湖媽祖廟迄今尤存一塊「沈有容諭退紅毛番韋麻郎」的石碣，這是明萬曆三十二年（1640 年）荷蘭殖民者企圖強佔澎湖，沈有容從廈門率船隊抵達澎湖，令其無條件撤離後的刻石紀功。明天啟四年（1624 年），中國水師復在澎湖克敵制勝，迫使侵略軍首領牛文來律在媽祖廟簽字投降。至於媽祖助潮讓鄭成功的艦隊順利進入臺灣鹿耳門港的傳說，則在臺灣已家喻戶曉。在海上交通貿易及沿海港口開發的歷史上，更與媽祖信仰有密不可分的關係。我國從東北至華南，許多著名的港口城市的開發史幾乎都跟媽祖廟息息相關。「先有娘娘廟，後有天津衛。」這句諺語是對天津港口起源的形象說明。宋代華亭（即上海）杭州、泉州、廣州四大市舶司均與媽祖廟建在一起。還有營口、煙臺、青島、連雲港等都是以媽祖廟的興建為標誌，使荒涼的漁村變為繁榮的港口城市。澳門地名的葡萄牙語稱作 MACAU，就是粵語「媽閣」的音譯。臺灣同胞把早期的分靈媽祖稱為「開臺媽祖」，這更充分說明媽祖渡臺和寶島開發是直接關聯的。在科學技術史上，媽祖廟也有其獨特的地位。古代一種航海習俗：在新船下水出航時，必

須同時製作一隻模型供奉在媽祖廟內，這樣媽祖就會時刻關心此船的安全。所以許多媽祖廟內便留下了大量的古代船模。山東長島廟島與媽祖廟的古船模多達 350 多隻，包括福船、沙船和民族英雄鄧世昌供奉的「威遠號」軍艦模型。這些船模成爲研究我國古代造船歷史的重要資料。現存一批媽祖廟古建築，如福建泉州、山東、江西景德鎮、廣東澄海、貴州鎮遠和寧波慶安會館等天后宮，從廟宇結構造型到各類雕刻構件，都是極爲珍貴的我國古代建築藝術精品。此外，各地媽祖廟還保存一些特殊的科技文物。如莆田涵江天后宮存有一幅明代星圖，是研究我國古代利用星圖定向航海的難得實物資料。

在中國，在漢文化圈內，媽祖信仰歷經千年而不衰，其根本原因即在於它植根於民族生活，有獨特的人民性和廣泛的社會基礎。媽祖不是杜撰的偶像，而是從人民中走出來的被神聖化的歷史人物。同時，媽祖信仰的產生和遠播也是北宋以來中國海事活動頻繁及朝廷利用張揚的必然結果。

「湄洲供海神，四海祭天妃」，媽祖精神已融入湄島的一草一石，撒向蒼穹廣宇，蔚爲文化壯觀。，媽祖精魂無處不在。而湄洲島天后宮，則被譽爲「東主麥加」。現已洋洋大觀的這一媽祖祖廟，香火鼎盛，每年吸引進香朝拜的臺胞、僑胞和大陸遊人達百萬人次，爲世界上其它宗教的信徒所稱奇。

（二）臺灣媽祖文化圈

祖國寶島臺灣省，有媽祖廟八百多座，媽祖是臺灣最具影響力的神祗，全臺有三分之二的人信奉媽祖。1997 年 1 月 24 日至 5 月 6 日，湄洲媽祖金身應邀巡遊臺灣，在臺 102 天，接受臺灣信眾一千萬人次朝拜。臺灣出現了「火樹銀花不夜天」、「十里長街迎媽祖」的空前盛況。臺灣媒體稱媽祖金身赴臺是「千年走一回」的「世紀之旅」，還把這次「湄洲媽祖金身巡臺」評爲當年十大新聞之最。

臺灣民間媽祖信仰是伴隨大陸移民渡海開發寶島而發端的。故俗稱早期的媽祖廟爲『開臺媽祖』。早期福建移民渡海，交通工具簡陋，海上形勢惡劣，其艱辛與危險非語言所能表達。因而，人們需要有某種精神上的寄託，借助某種超自然的力量保護自己。第一批移民去臺灣開荒時，船上就安放著媽祖海神像，身上帶著媽祖的護身符。遇有風浪，就連呼海神娘娘，頓時海上風平浪靜。因而，移民到臺灣後的第一件事就是給媽祖建廟，感謝她一路護航，保祐他們平安到達。他們把大陸的媽祖信仰帶到臺灣。因而媽祖信仰一代一代傳承下來。媽祖就成爲他們心目中的保護神，可以說，今日臺灣每

一座古老的媽祖廟，都是早期福建漁民艱苦創業的見證，記錄著他們拓荒的艱辛。

正如蔣維鋑所談及，「海峽兩岸經幾百年不變而形成的媽祖文化現象，不因族群遷徙而變遷，也不因外族侵略而改變」。蔣維鋑援引了 1993 年國務院臺辦、新聞辦在《臺灣問題與中國的統一》的白皮書，指出：「臺灣社會的發展，始終延續著中華文化的傳統，即使在日本侵佔的五十年間，這一基本情況也沒有改變。」可見，臺灣同胞極其珍視自身的文化情懷，珍視自身文化的原點，形成一種返本歸根的心理態勢，不因外族野蠻侵略而有絲毫的改變。媽祖文化已成為中華文化割不斷的組成部分，媽祖情結已深深紮根於臺灣民眾心中。據知，媽祖廟在臺灣十分普及，幾乎每個市、縣、鄉村都有媽祖廟，全島較有規模的媽祖廟有八百多座，供奉媽祖的家庭達三百多萬戶。

從媽祖信仰中臺灣信眾獲得了一種從未有過的身份認可的自豪感，精神上得到了極大的滿足。人類學的理論認為，個人對於共同的歷史文化淵源的認同，對於共同祖先的認同，是最基本和最重要的個人社會身份認同。文化認同是民族認同、國家認同的基礎。媽祖文化是中華民族在長期的歷史發展過程中形成的、自己獨特的、兩岸認可的文化傳統，它源遠流長，永遠不會改變，而且充分表現出巨大的親和力、凝聚力、向心力，已成為溝通海峽兩岸親情的紐帶，是中華優秀傳統文化的重要組成部分。

作為兩岸民眾的感情紐帶與文化認同橋梁，媽祖崇信已直接或間接地推動了兩岸經濟交往和文化交流。臺灣「中華媽祖文化慈善發展協會」理事長蔡泰山希望，媽祖文化能在兩岸「生生不息」。

據有關人士統計，臺灣目前兩千多萬人口中，從血緣上分析，80%是福建籍人，他們的祖先絕大部分來自福建。祭祀祖先，慎終追遠，歷來是中國人幾千年來的傳統禮俗。因而他們雖然漂洋過海卻不忘祖先香火。縱然媽祖廟在臺灣有上千座，也都是從大陸傳播和移植過去的，他們都不過是湄洲媽祖的分身、分靈、分香，屬於祖媽的分支分系。莆田湄洲是媽祖誕生地，在他們看來才是正宗和本源。因而，他們自然要來大陸追根尋源，認宗認祖，認同中國大一統。來莆田湄洲參加並通過媽祖祭典儀式，就是要取得一種身份認同（即文化認同，Culture Identity）。莊孔韶教授在《銀翅》裏所指出，他們力求尋找一種堅實有力的社會關係與團體作依賴，尋找更大意義上的庇護所。

作爲一種生存需要的文化意識，媽祖崇拜，而今在海外已延伸和發展爲歷史認同的需要，文化認同的需要，社會認同的需要。媽祖祭典儀式也就具有了大家認同的一個符號、一個代碼、一種象徵，更重要的是具有了「一個重要的話語權和闡釋權」。

隨著臺灣民眾到大陸朝拜浪潮的興起，民俗界與宗教界學者對媽祖的學術研究也進一步深入，各地專家學者，圍繞媽祖文化的起源、發展及歷史地位和對社會產生的影響進行深入研討。臺灣學者李獻璋自六十年代起，經過二十年的研究，寫成了《媽祖信仰研究》一書，成爲媽祖研究第一部學術性較高的專著。我國著名的歷史學家顧頡剛、客肇祖亦先後發表了多篇關於《天后》的論文，在學術界引起反響。從上世紀八十年代以來，不僅出版了《海內外學人論媽祖》、《天后媽祖》、《媽祖信仰與祖廟》等，在臺灣出版有《媽祖信仰國際學術研究論文集》等，還舉辦了多次媽祖文化學術研討會，近年來有關臺灣媽祖研究的內容涉及到經濟、政治、外交、宗教、民俗、華僑等眾多領域。如：蔣維錟《臺灣媽祖信仰起源新探》，（莆田學院學報 2005 年 01 期）。通過發掘史料，論證臺灣媽祖信仰起源於大陸移民，其中澎湖最遲在明萬曆前已有天妃宮。明末隨大陸移民入臺的媽祖被稱爲「船仔媽」，1661 年隨鄭成功軍隊入臺的媽祖則被稱作「護軍媽」，由此可證，媽祖信仰清代之前已植根臺灣。王見川的《1946～1987 年的臺灣媽祖信仰初探——以北港朝天宮轉型和媽祖電影、戲劇爲考察中心》（莆田學院學報 2006 年 01 期）。描述分析 1946～1987 年期間臺灣相關宗教政策對民間信仰的影響，以及這一時期臺灣媽祖信仰呈現出的幾個主要特徵，並以北港朝天宮的轉型和媽祖電影、戲劇的出現爲考察中心，探討現代臺灣媽祖信仰的多元發展情況。劉啓芳《淺議臺灣「女神」媽祖》（中華女子學院學報 2003 年第 2 期）指出自從媽祖傳到臺灣後，得到廣泛的傳播和發展，如今已經成爲臺灣主要的民間信仰之一，媽祖信仰之所以能在臺灣風行，源於下述因素：獨特的發展歷史、自身的魅力、官方的支持，及臺灣民間信仰與祖國大陸傳統文化的淵源聯繫。

（三）澳門媽祖文化圈

澳門堪稱莆田湄洲之外，媽祖文化特色最濃厚的地區了。此地的媽祖文化給人一種厚重的歷史感和超然的時空感。媽祖文化留給澳門山水的「腳印」最深，與澳門的淵源也最久，它是展示澳門「人文山水」悠久魅力的「代表作」之一。

　　早在 1925 年 3 月，旅居紐約的聞一多先生即曾在他的《七子之歌‧澳門》中寫道：

> 你可知「媽港」不是我的眞名姓？
>
> 我離開你的襁褓太久了，母親！
>
> 但是他們擄去的是我的肉體，
>
> 你依然保管著我內心的靈魂。
>
> 三百年來夢寐不忘的生母啊！
>
> 請叫兒的乳名，叫我一聲「澳門」！
>
> 母親！我要回來，母親！

　　這首感人肺腑的短詩，表達了旅居海外的游子對「母親」澳門的深切思念。澳門是世界上第一個以媽祖名字命名的城市。澳門歷史與媽祖關係密切，早在 500 年前，葡萄牙人抵達澳門時，就把地名寫成 MACAU，即媽閣的譯音。據傳當時葡萄牙人從媽閣廟附近抵達澳門時，曾誤聽「媽閣」爲澳門之地名，於是把「媽閣」稱爲「MACAU」，即「澳門」之說法，這一歷史性的誤會沿襲至今，故詩中有云：「媽港」不是我的眞名姓」。

　　澳門現有媽祖廟近二十座，而且廟齡都在百年以上。氹仔島的天后宮建於乾隆年間，路環島的天后古廟建於康熙年間，蓮峰廟的歷史更加悠久，已超四百年，澳門最著名的名勝古迹之一的媽祖閣建於明朝，距今已五百多年，媽閣廟，舊稱娘媽廟、天妃廟或海覺寺；後定名爲媽祖閣，華人俗稱媽閣廟。其位於澳門半島的西南端，依山面海，沿岩而建。廟內的「神山第一」殿、正覺禪林、弘仁殿、觀音閣等四棟主建築，分別建於不同時期。其中，弘仁殿規模最小，是一座三平方米的石殿，相傳建於明弘治元年（1488 年）；正覺禪林規模最大，創建於清道光八年（1828 年）；「神山第一」殿是當時官方與商戶合資創建於明萬曆三十三年（1605 年），此三殿均供奉天后媽祖，媽閣廟是澳門三大禪院中最古老的一座。這些建築不僅記述了媽祖文化在澳門傳播的歷史，也記述了福建籍人在「澳門人」形成過程中的「輩分」。

　　澳門最早的居民之一，就是來自媽祖的故鄉——福建。據史料記載，早在南宋被元朝滅亡之前，其政權中心一度從臨安（杭州）移到福建。這段時期，福州就有很多人參加了南宋軍隊。但不久南宋政權又不得不放棄福建避亂廣東，戰線也隨之南移。最後，有一場決定其命運的大海戰，就在臨近澳

門的伶仃洋與崖門之間海域展開。當時，幾千艘的宋元戰艦在這裡互相廝殺，元軍勢強，勢如破竹；宋軍疲敝，潰不成軍，數十萬南宋將士葬身海底，大宋江山從此滅亡了。也就在這場悲壯的海戰之後，少數未死的南宋軍人逃至濠鏡澳（即澳門半島）藏身。據說，這些南宋軍人就是最早抵達澳門的福建人。因爲，在南宋與元朝最後決戰的南宋軍隊當中，必有一部分福州人。至此往後，情爲人所繫，到澳門定居的福建人越聚越多。而今，澳門四十五萬常住人口中，平均每四人就有一人是閩籍。

澳門已於 1998 年 10 月成立了以顏延齡先生爲代表的媽祖文化研究中心——澳門中華媽祖基金會。他爲澳門媽祖文化的傳承、播揚而不斷努力，作出了卓越的貢獻。令人矚目的澳門媽祖文化村之「天后宮」即傾注了顏延齡先生對媽祖文化難以割捨的根的情結。佔地近七千平方米的「天后宮」，如今它已坐落在澳門路環島的疊石塘山上，文化村包括鐘樓、鼓樓、祭壇、天后宮、梳妝樓、博物館及商店等，集宗教、文化、民俗、旅遊於一體，是澳門迄今規模最大的廟宇。

一年一度的的澳門媽祖文化旅遊節的展開，亦是媽祖信仰融入澳門社會的體現。澳門媽祖文化旅遊節已成爲澳門文化旅遊盛事。通過媽祖文化旅遊節的活動，加強了澳門的中華媽祖文化建設，提高了澳門旅遊城市和澳門世界文化遺產在國際的知名度，以及地方旅遊的整體形象和吸引力，極大地增強了媽祖文化的輻射力和延續著媽祖文化的效應。亦反映了顏延齡先生不遺餘力地爲創建澳門媽祖文化氛圍，促進澳門經濟發展的探索。媽祖文化旅遊節，集人文、藝術、民俗及宗教於一身，既展現了澳門媽祖文化底蘊，又延續澳門媽祖文化，已成爲聯繫海內外華人，增進彼此感情交流的重要紐帶，同時對於提升澳門的知名度，爲海峽兩岸及港澳臺更密切的交流和廣泛合作，開闢了一條新途徑。

媽祖文化隨著時間的推移，也隨著一代又一代閩籍澳門人的播揚，逐漸成爲澳門多元文化的重要組成部分，成爲澳門社會珍貴的歷史文化財產，媽祖更成爲澳門人心中善良、博愛、和平、安寧和吉祥的偶像。

在澳門回歸祖國前夕，葡澳政府爲滿足當地信眾的要求，塑造了一尊高19.99 米、象徵 1999 年澳門回歸祖國的媽祖雕像。當時澳督韋奇立、新華社澳門分社社長王啓人親臨主持開光典禮，澳門出現了萬人空巷的景象。世界二十多個國家的媒體對這次活動進行了報導，澳門衛星電視臺亦對這次活動

向五十多個國家進行了現場直播。研究澳門媽祖文化的學術論文《澳門媽祖論文集》亦已在澳門出版。

（四）香港媽祖文化圈

香港是中國東南沿海天后崇拜傳入較早的地區之一，香港的媽祖崇拜可追溯到宋代。據有關史料記載，香港最早媽祖廟是宋眞宗大中祥苻五年（公元 1012 年）莆田人林氏兄弟因遇海難獲媽祖保祐平安返回而捐建的佛堂門媽祖廟。香港北佛堂摩崖石刻和《九龍彭蒲岡村林氏族譜》關於媽祖信仰自南宋傳入的記載，是香港歷史文獻記載的第一筆。該廟現在又稱爲北堂天后廟，當地民間俗稱大廟。這座有著七百多年歷史的大廟，是香港最大的天后廟，整個廟宇面向大廟灣，建築宏偉壯觀。每年的三月二十三這一天，會有上萬名信眾來此向媽祖頂禮膜拜，祈求庇護。從該廟「系出莆田坤儀稱母、恩流菏澤水德配天」的對聯可以看出香港媽祖廟與湄洲媽祖的歷史淵源。此後。香港先後建造了筲箕灣天后古廟，水上三角天后廟，銅鑼灣天后宮等 55 座媽祖廟，它們遍佈港島、九龍、新界和離島，多數座落在海灣附近，而大部分都是清初遷海以後修建的。使香港成爲具有眾多湄洲媽祖祖廟分靈廟的重要地區。

另有建於清同治四年（1865），位於九龍油麻地廟街榕樹頭的廟街天后廟，是九龍市區最大的天后廟。此廟最初是在官湧街市附近，於光緒二年（1876）遷來榕樹頭的。現在廟門頭上的石刻金字《天后古廟》，上有《光緒丙子遷建》字樣。門前的一對石獅是清同治四年（1865）雕造，廟內的一口銅鐘是光緒十四年（1888）鑄造，除正殿外，左右兩側尚有福德廟。

幾百年來，海上女神媽祖被香港遠航者尊爲吉祥的化身。她給予那些遠航於驚濤駭浪中的人們以向茫茫的海洋進行不斷探索與征服的勇氣。香港有句俗語叫「不拜神仙不上船」，而這個神仙正是天后媽祖。

每到農曆的初一、十五，天后廟裏都香煙嫋嫋，拜祭者絡繹不絕。人們相信正是天后慈悲博愛的胸懷，使香港成爲了一個群山屏障、順濟安瀾的避風良港。如今的香港已經由一個漁港演變成爲斐聲國際的貿易和金融中心，可媽祖文化仍然是人們的一種精神寄託。儘管生活在香港這座動感十足的現代都市中，但似乎每一個走進天后廟的人都會把雜念拋到腦後，躁動的心也會變得沉靜，在這裡感受到的只有天后媽祖的博大寬容。

總之，港澳臺社會雖然幾經變遷，各種思潮不斷交融，但人們對媽祖的崇拜信仰卻沒有絲毫改變，正如香港學者廖迪生所指出的那樣：近十年來，

香港人口急劇增加，社會急速都市化，新的社會政治組織冒升，神誕活動與
地方社會組織之間的關係日漸疏離，但天后誕的慶祝並沒有消失，反而添上
現代意義，香港人開始嘗試在天后誕和天后廟中尋求地方的民俗傳統，用以
建構自己的認同。

（五）國外媽祖文化圈

媽祖信仰是在中國海上與世界各國和平交往的軌跡中不斷發展的「精神
界碑」。媽祖信仰的國外遠洋傳播區域，主要有日本、朝鮮半島、東南亞以及
美國檀香山等地。西太平洋區域航線傳播有兩個主要方向，一是東北向的日
本、朝鮮半島航線。二是南向的東南亞航線。兩線相比較，東南亞爲重。在
東南亞（這裡指印尼、馬來西亞、新加坡、菲律賓、泰國、柬埔寨和越南等
國家）華人聚居的沿海城鄉，「莫不有『媽祖』的神迹」。日本早期有那霸與
久米的媽祖廟。跨太平洋橫渡航線傳播主要指以菲律賓爲中介，由亞洲駛往
美洲的跨太平洋東行航線。人稱媽祖越洋東傳。這裡面有美國檀香山、巴西、
秘魯、墨西哥以及北美洲加利福尼亞等地。此外，還有跨太西洋到達法國、
英國等地。

據不完全統計，目前世界上大約有兩億多媽祖信眾，有五千多座媽祖廟，
分佈在二十六個國家和地區。可謂「海水到處有華人，華人到處有媽祖」。如新
加坡的天福宮、泰國曼谷的靈茲宮等，在泰文典籍中還載有媽祖的故事。在澳
洲的澳大利亞和新西蘭，歐洲的法國巴黎和挪威、丹麥，美洲的美國檀香山和
舊金山、加拿大、墨西哥、巴西以及非洲等地都有媽祖廟宇或奉祀的場所。

新加坡的天福宮見證了華人從中國南來的歷史和社會變遷，深具歷史和
文化意義。在日本的神戶、長崎及很多島上都建有數十座媽祖廟，並成立了
信仰組織「媽祖會」。薩南片浦有明代林北山到那裡定居時建的林家媽祖宮
等。日本民間的稻神社在奉祀稻神的同時，也供奉媽祖神。自古以來，日本
的稻穀是從福建以海舶運去而傳入的，因此民間很重視「谷神」。而運稻穀的
船舶是以媽祖爲航運的保護神，因而媽祖也成爲日本稻穀的保護神了。據某
些訪日中國學者所見，凡有關媽祖的中國傳記，地方志，正史傳說，詩詞，
經文等資料，日本應有盡有，其中，由於以媽祖爲媒介而引起的中日貿易關
係，民間來往，亦無所不談。

媽祖信仰也由於鄭和下西洋和華僑的南進，遍及全世界。鄭和七次下西
洋，歷時近三十年，往返於太平洋、印度洋和阿拉伯海域，涉海淩波萬餘里，

前後到達三十多個國家，他祈求保護的神祇主要是海神天妃。他祭祀天妃，修建天妃廟，將下西洋的經過立碑於天妃宮。這就促進了媽祖信仰在這些地方的傳播。同時，隨著我國航海和貿易的發展，凡是中國海商和華僑所到之處，媽祖信仰就傳播到那裡。如東南亞，最初是華僑在「亞答屋」中供奉媽祖，嗣後各地陸續集資建造媽祖宮廟。馬來西亞有媽祖宮廟三十多座，如馬六甲的青雲亭（創建於明隆慶元年（1567年），檳城的廣福宮、吉蘭丹的興安宮等。馬六甲是馬來半島的一個港口小城市，是個有悠久歷史文化的古城。十五世紀，中國偉大航海家鄭和率世界上最龐大的船隊七下西洋，曾五次來到馬六甲。鄭和每次前來，都虔誠祭祀媽祖，祈求媽祖神明護航。媽祖文化也隨著鄭和的航海壯舉而紮下根來。

日文《長崎夜詁草》一書道「從長崎入港的中國船，每當初見此山時，都要燒幣錢，敲金鼓舉行隆重的祭典」。這個山便賦予「野間權現」（「野間」，即日文「媽祖」之義）。日文《三國名勝圖會》注釋：「野間嶽似乎是中國航行船的目標，每歲中國的商船來到長崎時，一定以此嶽爲航標，沿其航道前進，到達皇國之後，一開始便是開懷暢飲，互祝平安」。他們在海邊定居後，便在片浦與琉球及華南進行海上貿易，收入充足。而「航海女神」媽祖因而也被供奉起來。

在中外關係史上，媽祖信仰與我國古代許多和平外交活動亦有密切關聯，除了明代鄭和七下西洋歷訪亞非四十多國家外，亦有宋代的出使高麗，明、清兩朝持續近五百年的對古琉球中山國的冊封等等，都是借助媽祖爲精神支柱而戰勝海難，圓滿地完成了和平外交使命。史載，明永樂年間對封舟的貢船上供奉天妃是十分尊嚴的。「封舟尾部建三層樓房，上供奉聖旨，尊主上也，中供天妃，配以香公，朝夕祈祝天妃，順民心也」。潘相寫的《琉球入學見聞錄》記載說「從村口入，行數十步，有神廟稱上天后宮」。《琉球國由來記》卷九和《唐榮汩記全集》中記載說「自貢船開航之日起至第七日爲止，自大夫至年輕秀才，都須參拜兩天后宮，燒香並念經……」。並說：「自第七日至貢船回歸本國內止，每日大夫以下年輕秀士及鄉官士們輪流詣廟參拜」。其目的是祈願生意興隆，海上平安，同時利用神祇節日加強團結。可見媽祖朝拜對日本的民俗影響深遠。

外交使臣們爲報答媽祖神功，還寫下了大量頌聖文章，即如鄭和的《天妃靈應之記》碑詳細記錄七下西洋的過程，對史書記載的訛誤和不足起到了

訂正和補充的作用。清康熙二十二年中國冊使汪楫所著《使琉球雜錄》詳述在媽祖庇祐下，封船如「淩空而行」，飛速通過釣魚嶼、黃尾嶼、赤嶼而進入琉球國境的姑米山、馬齒山海域，使迎接天使的大夫鄭永安驚歎如「突入其境」。

如今媽祖信仰已成爲一種跨國籍、跨地區的民間信仰，媽祖文化亦已上昇爲人類傳承文明、發展進步的世界性課題，媽祖則更多地被作爲聯結世界各地華人的情感紐帶，無愧於「世界和平女神」。

二、媽祖文化研究的新視閾

（一）媽祖文獻及相關資料研究

媽祖文化歷史源遠流長，文獻浩如煙海。媽祖地方文獻的記載經歷了逐步演變至發展完備的過程。大致是宋代略簡，元代演變，明代發展，清代完備或定型。

按照時間順序，可將媽祖研究分爲 2 個階段：歷代媽祖文獻研究、現當代媽祖文化研究，前者如：

特奏名進士廖鵬飛於南宋紹興二十年庚午（1150 年）正月十一日撰寫的《聖墩祖廟重建順濟廟記》，現載於莆田縣涵江區白水塘《李氏宗譜》中，是目前所發現的一篇最早有關媽祖事迹的記載。

《天妃顯聖錄》輯錄了有關媽祖生平有「靈應」神話傳說。清莆田人林清標纂輯的《敕封天后志》：簡稱《天后志》，又稱《湄洲志》，乾隆四十三年刊行。是在《天妃顯聖錄》與《天后顯應錄》的基礎上重刊。這是一本有關媽祖傳說的集錄。清代泉州人楊濬於光緒十四年輯錄刊行的《湄洲嶼志略》：，是本地方志書，較集中地反映了湄洲地區與媽祖信仰的情況。是一本媽祖研究的較有價值的參考書。

歷代媽祖文化的故事在小說戲劇中也被大量保存下來。如最早描寫媽祖故事的小說有《天妃出身濟世傳》（見方彥壽《福建方書之最》），如《三寶太監西洋記通俗演義》（明）羅懋登撰，（陸樹侖、竺少華校點，上海古籍出版社，1985.3）中大多情節都與媽祖有關聯。其中第二十二回寫道：「只聽得半空中，那位尊神說道：『吾神天妃宮主是也。奉玉帝敕旨，永護大明國寶船。汝等日間瞻視太陽所行，夜來觀看紅燈所在，永無疏失，福國庇民』。」

明代鄭和在其著《通番記》裏也寫道:「值有險阻,一稱神號,感應如響,即有神燈燭於帆檣,靈光一臨,則變險為夷,舟師恬然,咸保無虞。」書中第二十二回有「天妃宮夜助天燈,張西塘先排陣勢」,二十卷九十八回有「水族各神聖來參,宗親三兄弟發聖」,第一百回有「奉聖旨頒賞各宮,奉聖旨建立祠廟」等。

明萬曆年間建陽林熊龍峰刊行的《新鐫出像天妃出身濟世傳》,又名《天妃娘媽傳》或《新刻宣封護國天妃娘娘出身濟世傳》,全書分為上下二卷,共三十二回,寫於萬曆年(1573～1615)。該小說刻印者是熊書峰,書堂名忠正堂。作者吳還初,據方彥壽斷定,為閩南一帶人氏。該書描寫媽祖故事,如第一回有「鱷猴精碧苑為怪」,第二回有「玄真女叩闕傳真」,第十回有「玄真女湄洲化身」,第十五回有「林二郎兄妹受法」,第三十一回有「天妃媽收服鱷精」,第三十二回有「觀音佛點化二郎」等。

明末崇禎年間(1624～1644)有陸雲龍撰《新鐫出像通俗演義遼海丹忠錄》,其第十八回「大孝克仲母節,孤忠上格天心」,也提到媽祖許多神迹顯應的故事。

近代文人林紓(1852～1924),一九一七年二月他自著三部戲曲作品,其中一部是 11 場的《天妃廟傳奇》。這部戲曲是江蘇松江地區天妃廟為背景,描寫清光緒年間留學日本的假洋鬼子搗毀天妃廟神像,引起幾年集資修建天妃廟的商人們的憤怒,從而引起軍閥的干涉,以及軍閥內部的鬥爭。

近代莆田有《天妃降龍全本》劇目,描述天妃降伏東海龍王的神話故事。其中一折戲《媽祖出生》內容是有關媽祖誕生之顯聖先兆的傳說。又有莆田南門人蘇如石,上世紀五十年代末曾創作神話戲劇《媽祖誌》,將媽祖形象搬上舞臺。

二十世紀初,著名學者顧頡剛、容肇祖、朱傑勤等就開始從各類地方誌、遊記、雜記、廟碑等史料入手,研究媽祖的事迹與傳說。顧頡剛、客肇祖先後發表了多篇關於《天后》的論文,在學術界引起反響。臺灣學者李獻璋自六十年代起,經過二十年的研究,終於寫成了《媽祖信仰研究》一書,成為媽祖研究第一部學術性較高的專著。

當代學者媽祖研究的主要成果如:

《媽祖研究論文集》,由朱天順任主編,鷺江出版社 1989 年 7 月出版,這是繼《湄洲媽祖》、《媽祖研究資料彙編》、《媽祖東渡臺灣》等書之後,

又一本研究媽祖及媽祖信仰的專著。收錄了 1987 年農曆九月初九爲紀念媽祖逝世一千週年，在媽祖故鄉莆田市舉辦的媽祖學術討論會論文三十一篇。《媽祖文化研究》澳門中華媽組基金會 2005 年 3 月出版，是一部研究，媽組信仰及其傳播的文集。《澳門媽祖文化研究》，徐曉望、陳衍德合著，澳門基金會 1998 年出版。從澳門天后文化的誕生、路環天后廟的歷史興衰以及媽閣廟與氹仔媽祖文化村的比較探討了媽祖文化的歷史沿革。《湄洲媽祖》，是在媽祖逝世一千週年紀念日前，由湄洲祖廟董事會發起編纂，由林文豪任主編，蔣維錟執筆，1987 年出版的一本介紹媽祖及媽祖信仰的通俗讀物。《媽祖文化的人文價值及其遺產保護》，陳宜安、林國平等，刊於《中國宗教》2003 年第一期。《媽祖研究資料彙編》，由肖一平、林雲森、楊德金編，福建人民出版社 1987 年出版。收集了 1987 年以前的一些研究媽祖信仰的文章共三十三篇。《媽祖》圖冊：由莆田市博物館副館長林祖良編撰，福建教育出版社 1989 年 4 月出版，是一部大型的介紹媽祖信仰的圖冊。《媽祖信仰與祖廟》，由陳國強主編，1990 年 4 月福建教育出版社出版發行，對媽祖信仰與祖廟的情況作了較爲全面的介紹。《媽祖文化千年史編》黃騰華編，刊於福建省社會主義學院學報，2006 年第一期。《媽祖文化在福建旅遊業中的價值》黃秀琳、林劍華，刊於莆田學院學報 2005 年 04 期。文中指出，媽祖文化是福建重要的人文旅遊資源，指出目前學術界對媽祖文化在旅遊業中的作用尚缺系統的探討。《論海峽兩岸的媽祖文化》，田眞，刊於北京航空航天大學學報（社會科學版）2003 年 21 期。文中指出，媽祖文化作爲從大陸出去的「移民」文化，它深深影響著臺灣民眾的信仰，並且在一定程度上成爲臺灣同胞回大陸尋根的宗教文化紐帶。《世界媽祖廟大全》，是由湄洲媽祖祖廟、閩臺新聞交流聯誼會和海峽文化交流中心組織編纂的系列叢書。首卷收錄有七個國家四百六十座媽祖廟的詳細名錄通訊和彩照。續卷共收入海內外八十九座媽祖廟的二百三十多個彩色圖文版，其中臺灣有六個媽祖廟的二十四個圖文版首批入選。

　　媽祖文化研究還先後在澳門出版了《澳門媽祖論文集》；在臺灣出版了《媽祖研究學術研討會論文集》等，以及《兩岸學者論媽祖》、《媽祖信仰》、《天后媽祖》、《江海女神媽祖》、《媽祖》、《林默娘》、《媽祖傳奇故事》、《媽祖的傳說》、《中華與媽祖文化》、《湄洲媽祖千年祭》、《媽祖祭拜宴會》等一大批文獻資料、學術專著、文學作品等。影視文學電視劇有《媽祖》、《媽祖傳奇》

舞蹈詩《媽祖》，大型畫冊有《天后聖母事迹圖志》、郵票有《媽祖》、純金郵票《媽祖》，貴金屬紀念幣《中國海神》、媽祖系列紀念章等亦不斷推出。莆田還曾舉辦《媽祖信仰源流展》。

（二）媽祖文化的人文價值及其遺產保護

媽祖研究已成為一種國際性學術文化活動，媽祖文化亦已蔚為大觀，它不僅擁有豐富的內涵，是中華民族優秀傳統文化的一個重要組成部分，而且其外延也十分廣博。以媽祖信仰為核心，形成了以宮廟建築、雕刻、文獻等有形文化和神話、傳說、故事、祭典、民俗、藝術等無形文化為基本內容的民間文化。在媽祖信仰的廣泛傳播過程中形成、積累起來的各種形式的媽祖文化遺產，是中華民族優秀傳統文化的重要內容之一，其中包含著豐富的人文價值。許多媽祖廟保存著廟宇建築沿革、神像供奉情況等資料，保存不少文物、古迹等寶物。這就為我們研究媽祖文化，及至研究航海史、華僑史、民俗學、宗教學、經濟學等提供了豐富的資料。

聯合國教科文組織 1997 年 11 月第 29 次全體會議對人類口頭和非物質文化遺產做了界定：「傳統的民間文化是指來自某一文化社區的全部創作，這些創作以傳統為依據，由某一群體或一些個體所表達並被認為是符合社區期望的，作為其文化和社會特性的表達形式、準則和價值通過模仿或其它方式口頭相傳。它的形式包括：語言、文學、音樂、舞蹈、遊戲、神話、禮儀、習慣、手工藝、建築藝術及其它藝術。除此之外，還包括傳統形式的聯絡和信息」。媽祖文化的外延僅直接記載媽祖信仰的歷史文獻資料最保守的估計超過一百萬字。內容相當豐富，史料價值很高。

媽祖文化正是這樣一種寶貴的人類文化遺產。目前，世界各地還存在有大量與媽祖信仰相關的宮廟、會館、祠堂、祭祀場所、碑刻、壁畫、石雕等實物和課本、經文、契約、譜牒等民間文書及傳世文獻。更不可多得的是，還保存著鮮活而豐富多彩的口傳文化，如音樂、戲曲、舞蹈、敘事歌謠、遊戲、神話、故事、傳說、禮儀、民俗、手工藝、建築及祭儀與祭祀活動等。這些文化遺產，上可溯至宋元之前，下已流傳到當今時代，並涉及社會與文化各個領域，其廣博、深邃、有整體系列性等特點，是傳承中華文化的重要載體。因此，開展媽祖文化保護工程，從點狀變為網狀，從不同領域、不同方面加大媽祖文化研究的深度，將大大提升媽祖文化研究的質量，拓展媽祖文化研究的內涵。

　　雖然媽祖文化的相關研究資料因媽祖信仰的廣泛影響而浩如煙海，但卻因為未曾進行全面、系統的調查、收集、整理，而散在於世界各地的相關廟宇、圖書館，以及私人之手，許多文獻還屬於孤本、殘本或抄本。這樣，學者所能見到的媽祖文化資料十分有限，直接影響了媽祖文化研究的深入。因此，媽祖文化保護工程的盡快實施迫在眉睫，加大力度對媽祖文化的相關文獻進行保護和整理，對於全面提升世界範圍內的媽祖文化研究質量將至關重要。它對於加強各國的文化交流也是不可缺少的工作，應當成為我國文化建設的一項重要內容。

　　如今許多與媽祖有關的非有形的文化形式開始被人遺忘，一些別具文化內涵的民俗事項，由於諳熟媽祖文化的老人不斷去世而知之者越來越少，諸如湄洲島上的婦女梳蓬形髻的由來、每年農曆三月廿三日湄洲漁民不出海捕魚的原因、莆田媽祖元宵節安排在農曆正月廿九的原因、居住在海島上的人名字中為什麼有一個「媽」字、媽祖節日時媽祖廟前往往有兒童表演的舞蹈的起因、閩西客家婦女難產時為什麼不呼「天上聖母」而呼叫「媽祖太太」等等，所包含的文化內涵都開始被人遺忘。還有許多民謠、山歌、民諺俗語、謎語、祭詞等口頭文化也已失傳。類似這樣的口傳文化，知曉者如今至少年逾七旬，這批老人應當是我們進行訪談、錄音、錄像的主要對象，也只有他們才會給予我們最後保護和搶救媽祖文化遺產的機會。如果我們還不及時保護和搶救這類媽祖文化遺產，再過幾年它們都將成為無可挽回的過去。

（三）媽祖文化與和諧社會

　　媽祖文化與和諧社會的意義主要可從完善社會道德與發展兩岸關係及與世界和平的關係之層面來探討。由於政治經濟文化因素的影響，媽祖護祐職能的神格不斷發生著變遷與演化。媽祖信仰目前已成為一種跨國籍、跨地區的民間信仰，媽祖文化亦已上昇為人類傳承文明、發展進步的世界性課題，媽祖也因而被作為聯結世界各地華人的情感紐帶，是一位「世界和平女神」，吸引著越來越多關注的目光有關學者認為，以媽祖信仰為核心的「媽祖文化圈」與漢字為特性的「漢字文化圈」具有同樣的重要性，而且對瞭解海外華人社會和信仰來說，媽祖文化圈意義更為重大。對今天的信奉者來說，「媽祖既是神祇，又是民族文化的象徵；因此對她的信仰不光是企望，也是對民族文化的認同。

　　首先，媽祖的形象已經成為人們心目中善良、智慧和正義的化身。關於媽祖的神話描述，直接反映了人們對扶危濟困、捨身助人等高尚品德的頌揚和追求，從而激勵人們積極向善，涵養一種樸實而崇高的人性品質。

　　無論是媽祖捨身拯救海難，還是以治病救人為主體的行善之舉，包括祈雨解旱、排澇救民等，皆以急人之所急、不取報酬、無償奉獻等為其突出的表現。或以斬妖除怪為主題之神話，通過為民除害，造福於人民，顯示了媽祖嫉惡如仇的俠義品質，再如孝敬父母、和睦鄰里的故事等。表現出媽祖孝順和仁愛的品質。家庭倫理的維繫，無不建立在孝的基礎上。媽祖崇拜，正象徵著華裔民族對『仁愛』和『孝順』的崇拜。上述各類傳說，都體現了媽祖的正義、勇敢、無私、孝悌、仁愛、樂善好施等美德，對於提升人們心性、淨化社會道德，都具有積極的意義。

　　媽祖文化的價值還在於它的普世性，反映了一種世界大同的崇高理想和深切的人文關懷。譬如媽祖傳說中的拯救海難，並不僅僅局限於幫助平民百姓。媽祖不僅拯救急風暴雨中的平民漁船，而且也積極襄助海上使節船等官方船隻，甚至還救過前來中國的荷蘭番船，所救治的病人也涉及福建、江浙、廣東、臺灣等地的平民和官員。不論是救苦救難、樂善好施，還是斬妖除怪，都以拯救生命為最高宗旨，以追求生活幸福、社會和諧安寧為目標。時至今日，媽祖的文化精神對於弘揚正氣，促進精神文明，仍有社會文化價值。

　　媽祖文化並非一種考古的「文物」，而是一種「活態」的文化，其包含的文化紐帶意義已經越來越引起人們的重視。俗話說，「有海水的地方，就有華人，有華人的地方，就有媽祖。」旅居海外的廣大華僑，他們把媽祖信仰帶到了世界各地。例如，新加坡的天福宮就是 1839 年新加坡船員從泉州運去建築材料興建的。又如，馬來西亞興安會館總會屬下有二十七個興安會館，每個興安會館都在最高一層供奉媽祖。在巴西、加拿大、墨西哥等國的華僑居留地，也都有媽祖廟。可見，媽祖在海外華僑華人社會中起著聯繫鄉誼、敦睦親情、尋根懷祖的重要作用。日本鹿耳島大學民俗學教授下野敏見認為：「媽祖不僅是東南亞的，而且是世界性的信仰傳播。」在今天的臺灣省，媽祖也是影響最大的神靈。媽祖信仰是維繫海峽兩岸關係重要的橋梁和紐帶。

　　臺灣「中華媽祖文化產經慈善發展協會」理事長蔡泰山在「海峽兩岸媽祖文化研討會」上表示，「文化是能夠融合政治的。今後我們兩岸的媽祖學者

要繼續加強學術方面的交流⋯⋯我們可以不談政治，但是我們可以談中國的文化，因爲中國文化是非常悠久的，也是非常優良的。」

上海社科院副院長左學金在《研究媽祖文化，促進和平發展》的主旨演講中指出，「媽祖信仰已經成爲臺灣民眾文化心理的重要組成部分，深刻地影響著臺灣民眾的日常生活和思維方式，對媽祖的已成爲海峽兩岸民眾的感情紐帶與文化認同橋梁，直接或間接地推動了兩岸經濟交往與文化交流的乃至整體發展。媽祖是海峽兩岸文化認同的歷史基石。媽祖文化是兩岸共同發展的文化基石。」

兩岸「媽祖」學者日益普遍深入地共同探討「媽祖文化」的活動，對於兩岸民俗文化研究、海洋文化研究、兩岸關係研究等方面都具有重要意義，同時對於兩岸文化交流、建設和諧社會等將起到積極的促進作用。

在海外華人社會裏，地緣、血緣、業緣是華人之間聚落、聯絡、團結、互助的紐帶。在媽祖信仰者心目中，媽祖之「神緣」是一種超物質的、憑信仰力量可以領導和鼓舞人們的富有感召力的精神領袖，其作用不可忽視。當然，我們今天研究媽祖現象，強調的並非是其迷信色彩，而是她所具有的文化遺迹的史料價值，和信仰內涵中所蘊存的積極向上的民族傳統精神。

正如胡錦濤同志在黨的十七大報告中指出：「中華文化是中華民族生生不息，團結奮進的不竭動力。作爲文化交流的橋梁和精神紐帶，保護繼承媽祖文化遺產，對於弘揚民族精神，加強文化建設，構建和諧社會具有積極意義。

是篇乃本人在 2009（中國·湛江）海洋文化與海洋建設國際學術研討會上所作的專題發言，載於：《中國海洋文化論文選編·專題篇》（海洋出版社2012 年版）。